500 Jahre Reformation

Dankwart Kirchner

500 Jahre Reformation

– wie könnte es weitergehen?

Vorschläge zur Erweiterung der Freiheit
eines Christenmenschen

Bibliografische Information der Deutschen Nationalbibliothek:
Die Deutsche Nationalbibliothek verzeichnet diese Publikation in der Deutschen Nationalbibliografie; detaillierte bibliografische Daten sind im Internet über dnb.dnb.de abrufbar.

PubliQation – Wissenschaft veröffentlichen

Ein Imprint der Books on Demand GmbH, In de Tarpen 42, 22848 Norderstedt

Umschlagdesign, Herstellung und Verlag: BoD – Books on Demand GmbH,
In de Tarpen 42, 22848 Norderstedt

ISBN Print 978-3-7458-6988-0

ISBN ePDF 978-3-7458-6983-5

Vorwort

In einer lutherischen Kirche getauft und in einer anderen lutherischen Kirche erwachsen geworden, wirkte es für mich wie eine Profanierung, die Betonung vom **E** auf das **U** in ‚lutherisch' zu verlegen. Es war, als müsste ich etwas von der Bedeutung Luthers hergeben. Viel später erst wurde mir klar, dass schon bei dieser kleinen sprachlich-aussprachlichen Unterscheidung das Gefühl mit im Spiel war. Ich fühlte mich herausgefordert, Luther zu verteidigen.

Während das Gefühl im Streit um sachliche Ansichten ein schlechter Kämpfer ist, weil es befriedigt werden, d.h. unbedingt siegen möchte, kann es sehr hilfreich sein, auf ein Problem aufmerksam zu machen, eine scheinbar eindeutige Angelegenheit zu problematisieren. Das wird auch hier im Verlauf der Arbeit gezeigt werden.

Die Verbindung von Sünde und Gefühl machte es mir schwer, manche Probleme in den Blick zu bekommen. So hoffe ich überzeugen zu können, dass der Mangel an Emotionalität im Rahmen nicht nur einer lutherischen Kirche, sondern auch in allen Gemeinschaften, die sich auf die Bibel berufen, behoben werden soll, ja behoben werden muss. Diese Aufgabe scheint mir die vordringlichste zu sein, um eine Fortsetzung der vor 500 Jahren begonnenen Reformation in Angriff nehmen zu können. Dabei wird diese Aufgabe unter Besinnung auf außerbiblische relevante Texte und andere Dokumente durchgeführt werden.

Danken möchte ich allen, die mir im Laufe meines Lebens geholfen haben, zu diesem christlichen Verständnis zu finden. Namentlich sage ich Dank meinem Sohn Roderich, der eine erste Fassung dieser Arbeit gelesen und mit Anmerkungen und Korrekturvorschlägen versehen hat.

Dankwart Kirchner

Inhalt Seite

500 Jahre Reformation – wie könnte es weitergehen?

Glaubst du, dann hast du, glaubst du nicht, dann hast du nicht.

Martin Luther[1]

1. Einleitung

Im Jahre 2016 gab Martin Hein, Bischof von Kurhessen-Waldeck, auf die von ihm rhetorisch gestellte Frage, was wir in 2017 als evangelische Christen eigentlich feiern, die Antwort: *Die Befreiung des Wortes Gottes, nicht die Geburt der evangelischen Kirche.*[2]

Im Jahre 2018 kann man rückblickend fragen, ob und wenn ja, wie die Befreiung des Wortes Gottes gefeiert wurde. Ich gebe zu, keinen Überblick über die zahlreichen Veranstaltungen zu haben. Gewonnen habe ich den Eindruck, dass die Evangelische Kirche in Deutschland (EKD) vorwiegend sich selbst gefeiert hat. Einen Impuls abseits der Veranstaltungen, aber in einer Kirchenzeitung auf dem Titelblatt, konnte man in der Ausgabe zum Reformationsjubiläum lesen: **Schluss mit Sünde**.[3] Schon die Überschrift des Beitrags und ihre begründenden Ausführungen forderten zur Entgegnung, ja zum entschiedenen Widerspruch heraus.[4] Generell möchte ich aber allem, was auf diesen Seiten folgt, die

---

[1] Martin Luther: Von der Freiheit eines Christenmenschen, WA 7, S. 24; darauf werde ich weiter unten eingehen.

[2] Martin Hein: Ecclesia semper renovanda, ZThK 113, 2016, S. 305-322, S. 322

[3] Klaas Huizing: Schluss mit Sünde, in: die Kirche/ Evangelische Wochenzeitung 23. Jg., Nr. 44, 29. und 31. Oktober 2017, Titelseite. In den Ausführungen: „Aufruf zu einer radikalen Reformation". Dazu vom gleichen Verfasser die Schrift: Schluss mit Sünde/ Warum wir eine neue Reformation brauchen, Hamburg 2017.

[4] Folgendes ist in der Antwort von Wolf Krötke, Theologieprofessor an der Humboldt-Universität Berlin, in der gleichen Kirchenzeitung Nr. 46, deren Mitherausgeber er ebenfalls ist, S. 6 zu lesen: *Da wird an erster Stelle klar, was bei Huizing völlig unklar bleibt, nämlich was „Sünde" überhaupt ist. Dieses Wort bezeichnet im biblischen Sprachgebrauch die Verachtung und Missachtung Gottes, die den ganzen Ratten-*

Frage voranstellen und sie auch beantworten: **Was ist Sinn und Ziel der Befreiung des Wortes Gottes: Gott oder der Mensch?**

Gut, man könnte antworten: Das eine schließt das andere nicht aus, sondern ein. Das trifft zu. Fragt man aber: Wer hatte damals und wer hätte heute mehr davon, dass das Wort Gottes im Sinne der Reformation befreit wurde: der Mensch oder Gott, so ist meine Antwort: der Mensch. Das geht schon aus den Ablassthesen Luthers hervor, das wird erst recht deutlich in seiner Schrift: **Von der Freiheit eines Christenmenschen**.[5] So wäre auch heute zu fragen: Ist der Mensch schon frei genug?

Man könnte ja die Tatsache, dass zu viele sich von der Evangelischen Kirche abwenden, als Hinweis dafür nehmen, dass außerhalb der Kirche mehr Freiheit den Menschen erwartet.[6] Wenn das Wort Gottes befreit wurde, erlaubt es uns ja, so mit Blick auf die Heilige Schrift die Frage nach der Freiheit des Menschen bzw. nach den möglichen Einschränkungen und Behinderungen seiner Freiheit zu stellen. Aus der Sicht des oben zitierten M. Hein braucht es „Fantasie“ und „Mut zur Theologie“,

---

schwanz der Zerstörung der Beziehungen, in denen wir unser Leben haben, durch unser Handeln und Verhalten nach sich zieht.

Ich werde auf die Zerstörung der Beziehung Luthers zu Erasmus weiter unten eingehen. Offensichtlich hat Luthers Sündenverständnis ihn nicht davon abgehalten, Beziehungen zu zerstören. Das berechtigt nachzufragen, woran es gelegen haben könnte.

[5] Auch auf diese Schrift wird weiter unten eingegangen werden.

[6] Arno Widmann schrieb in der Berliner Zeitung Nr.258 vom 1.11.2016, S.2 unter der Überschrift: **Erinnerung an eine verheerende Leidenschaft**: *Die Grundpose des Gedenkens ist die rhetorisch ins Auditorium geworfene Frage: Was hat Luther uns heute zu sagen? Nichts. Überhaupt nichts. Es macht Spaß, ihn zu lesen. Es ärgert einen, ihn zu lesen. Man kann es aber auch einfach lassen und entfernt sich damit keinen Millimeter von der Möglichkeit, Antworten auf uns heute bedrängende Fragen zu finden. Der Bundespräsident erklärte, die Reformation gehe uns ‚voraus in ihrer Leidenschaft für Wahrheit und Freiheit‘. Das mag sein. Es war aber eine mörderische, das Land und die Welt verheerende Leidenschaft. Wir sollten an sie erinnern, um uns abschrecken zu lassen von dieser Art Reformation.“*

um eine öffentliche Debatte zur Frage nach der Befreiung des Wortes Gottes zu beginnen.[7]

‚Befreiung des Wortes Gottes' bedeutet zunächst, dass das Wort Gottes, wie es die Heilige Schrift überliefert hat, von der Tradition befreit wird, mit der es gefangen gehalten und ausgelegt wurde. ‚Befreiung des Wortes Gottes' bedeutet nun in der Folge Befreiung **durch** das Wort Gottes. Dann wäre jetzt zu fragen, durch welche Traditionen wurde der Mensch nicht nur seit der Reformation gefangen genommen, sondern auch in der Zeit davor, deren Fesseln noch nicht in den Blick gekommen sind. Zu dieser Zeit vor der Reformation gibt Otto Hermann Pesch folgende bemerkenswerte Antwort: Luthers Fragen nach dem pro me, dem pro nobis, für mich, für uns, d.h. Gottes Heilshandeln für mich, für uns, seien der scholastischen Theologie keine Fragen gewesen. Nicht weil sie solche Fragen unterdrückt hätte, sondern weil sie gar nicht im Blick gewesen seien. Gefangenschaft des Wortes Gottes würde bedeuten, dass es zuvor frei war und danach gefangen wurde. Das trifft nach O. H. Pesch nicht zu. Insofern konnte man gar nicht anders, als Luthers Ansatz zurückzuweisen.[8] Diese Auffassung halte ich nicht nur für bedeutsam, sondern auch für weiterführend.

Das christliche Mittelalter hat, wenn es Theologie trieb und seine theologischen „Summen", geistigen Kathedralen vergleichbar, „baute", nicht an sich selbst, nicht an den Menschen gedacht, der glauben sollte und wollte. Mittelalterliche Theologie ist selbstvergessen. Nur Gott, sein Werk, seine Taten, seine Herrlichkeit stehen im Blick des gläubigen Denkers, nicht er selbst. Der Glaube und mit ihm die Theologie sind Licht und Weisheit, nicht Wagnis, Anstrengung und gar ewig neue Frage. Diese Selbstvergessenheit muß in dem Augenblick verfliegen, wo der

---

[7] Ebd.

[8] Otto H. Pesch: Luther 1967, in: Martin Luther 450 Jahre Reformation, 1967, Bad Godesberg, 15-22, S. 18

christliche Glaube seine mittelalterliche Selbstverständlichkeit einbüßt, nicht länger die Luft ist, die man atmet. Dann nämlich muß der Mensch nach sich selbst, nach seinem Sinn und Geschick fragen, wenn er nach Gott fragt. Die Frage „Wer ist Gott?" und die andere Frage „Wer bin ich – im Angesicht dieses Gottes?" wachsen zusammen, werden ein und dieselbe Frage. Mögen andere vor ihm die neue Frage schon empfunden und gar ausgesprochen haben; Luther ist jedenfalls der erste, der diese Frage zur Grundsatzfrage wissenschaftlicher Theologie, ja zum methodischen Grundsatz theologischer Rede macht, an ihr die überlieferten Aussagen des christlichen Glaubens neu durchprüft und ihnen folgerichtig ein neues Sprach- und Begriffskleid, eine neue Zuordnung, ein neues „Gefälle" gibt. Das ist die „Wende zum Ich", die Luther in der Theologie vollzieht, zuerst nur halbbewußt, dann mit voller Entschiedenheit. „Pro me", „pro nobis" – „für mich", „für uns", das in aller Deutlichkeit mitdenken und mitsagen, wenn von Gott, von Christus und dem Werk des Heiles die Rede ist, das heißt erst wirklich glauben.[9]

Wie weiter unten anhand der Auseinandersetzung zwischen Luther und Erasmus über den menschlichen Willen gezeigt werden wird, vertritt Luther einerseits eine Theologie, die das mittelalterliche theologische Denken überwindet. Andererseits bleibt er befangen in einer überkommenen Ansicht, dass der Mensch keinen freien Willen habe. Wenn man bezüglich des menschlichen Willens Luther nicht folgen kann, könnte dann auch das Verständnis einer Rechtfertigung des Sünders aus Glauben allein in ein anderes Licht, in ein anderes Verständnis gerückt werden? Wäre in diesem Licht die Befreiung des Wortes Gottes noch nicht abgeschlossen?

Nach Ulrich H.J. Körtner ist die Mitte der reformatorischen Theologie *die reformatorische Rechtfertigungslehre, wobei in der bedingungslosen*

---

[9] O. H. Pesch ebd. S. 17f

Vorgabe des Heils (…) das spezifische Reformatorische jeder reformatorischen Rechtfertigungslehre besteht.[10] Dem ist im Prinzip zuzustimmen. Der Mensch kann nichts leisten, um von Gott gerechtfertigt zu werden. Die Rechtfertigung ist Gottes Tat. Doch stellt das Wort ‚bedingungslos' und der damit gemeinte Sachverhalt ein Problem dar, auf das noch eingegangen wird. So viel sei aber schon angemerkt: Wenn ich als erstes glauben soll, dass ich ein Sünder bin, der von Gott gerechtfertigt werden muss, so stellt das eine Bedingung dar.

U. Körtner nennt weiter als Maßstab für eine Theologie im Geiste der Reformatoren folgendes Kriterium:

Kriterium reformatorischer Theologie ist demnach, inwieweit das gegenwärtige Glaubensbewusstsein durch die auf die Zeit angewandte Schrift bestimmt wird und nicht etwa umgekehrt die Schriftauslegung durch den allgemeinen religiösen Zeitgeist.[11]

Auch dem ist im Prinzip und im Geiste der Reformatoren zuzustimmen. Das biblische Heilsverständnis legt den jeweiligen Zeitgeist aus. Wenn nun aber, wie gezeigt werden wird, sowohl außerbiblisches Material, das die Reformatoren noch nicht kannten, als auch exegetische Einsichten die reformatorische Rechtfertigungslehre auf den Prüfstand stellen lassen, weil möglicherweise Fesseln im Rahmen der Freiheit eines Christenmenschen sichtbar und spürbar werden, dann wird man einigen Mut im Sinne M. Heins zusammennehmen müssen, um eine andere Auffassung zu vertreten, die sich zwar reformatorischem Denken verpflichtet fühlt, jedoch eine andere Ansicht zur Freiheit eines Christenmenschen entfaltet.

[10] Ulrich H.J. Körtner: Reformatorische Theologie im 21. Jahrhundert, Zürich 2010, S. 26
[11] U. Körtner, a.a.O. S. 76

500 Jahre nach dem Ereignis der Thesenverbreitung Luthers zum Ablass werden Überlegungen vorgelegt, wie reformatorisches Denken und Glauben in unseren Tagen formuliert werden können. Da es dabei nicht darum gehen kann, bekannte Glaubensformeln mit anderen Worten zu wiederholen, soll zunächst geprüft werden, ob die besonders gut bekannten vier reformatorischen Soli noch so aktuell wie vor 500 Jahren sind.

Margot Käßmann, Botschafterin der Evangelischen Kirche in Deutschland für das Reformationsjubiläum 2017, äußert sich in einem Interview nach Abschluss der Feierlichkeiten, dass die Reformation weitergehen muss. Sie lässt aber offen, an welchen Stellen grundsätzliche und weiterführende theologische Kritik angebracht wäre.[12]

Frage: Was würden Sie gern reformieren an der Evangelischen Kirche? Oder: Was bedarf Ihrer Meinung nach einer neuen Reformation an der Evangelischen Kirche?

M. Käßmann: Mir liegt vor allem daran, dass unsere Gottesdienste Anziehungskraft haben. Dass Menschen Sehnsucht danach haben, sie miterleben zu können, weil sie dort Kraft für den Alltag finden. Dass sie hinaus gehen und sagen: Das tat so gut, da muss ich bald wieder dabei sein, jedenfalls nicht erst wieder am Heiligen Abend.

Diese Antwort M. Käßmanns halte ich für nicht weiterführend genug. Aufgefordert werden die für die Gottesdienste Verantwortlichen, etwas für deren Anziehungskraft zu tun. Stattdessen ist zu fragen, warum die Anziehungskraft nachlässt und verschwindet. Das könnten auch die beantworten, die jetzt im Sinne M. Käßmanns sagen: Dieser Gottesdienst tat überhaupt nicht gut.

---

[12] In: die Kirche/ Evangelische Wochenzeitung, Nr.44, 2017, 29. und 31. Oktober 2017, S. 2. Aus meiner Sicht zeigt Margot Käßmann ein zu geringes Problembewusstsein.

2. Die vier reformatorischen Soli:

solus Christus – allein Christus

sola gratia – allein aus Gnade

sola fide – allein aus Glauben

sola scriptura – allein die Schrift

Haben diese viermaligen Allein heute noch Bestand? Sind sie heute noch ebenso gültig und aktuell wie vor 500 Jahren?

Generell kann man sagen, dass sie in ihrer Frontstellung gegen eine Tradition, die die Glaubenden abhängig macht von einer als heilig geltenden Institution, nichts eingebüßt haben. Der Priester und die auf ihn aufbauende Hierarchie beanspruchen zu Unrecht eine Heiligkeit, die sie prinzipiell vom Menschen ohne diese Weihe(n) unterscheidet. Dagegen steht ein *sola fide*, „allein aus Glauben" werden die Glaubenden erlöst, nicht durch die Heiligkeit des geweihten Priesters, der das von ihm konsekrierte Sakrament spendet.

Sola scriptura besitzt ihre Stoßrichtung gegen eine Tradition, die beansprucht, die gültige Auslegung der biblischen Schriften unter Einbeziehung kirchlich akzeptierter Texte zu besitzen. Hier befinden wir uns in einer Situation, die sich im Laufe der letzten 500 Jahre gänzlich verändert hat. Zum einen gibt es gute und hinreichende Gründe, Luthers Ansicht einer Inspiration der Schrift nicht zu folgen. Humanismus und Aufklärung belehrten uns, dass die biblischen Texte von Menschen verfasst, geschrieben und verändert wurden. Diesen Prozess bekommt man nur durch die historisch-kritische Methode in den Blick. Wer bei Luther bleiben will und die folgende Zeit mit ihren Einsichten in die Entstehungsgeschichte der biblischen Schriften nicht akzeptieren kann, wird Luthers *sola scriptura* nicht infrage stellen.

Der Protestantismus identifizierte das Wort Gottes mit der Bibel; diese galt als unmittelbar göttlich inspiriert, bis hin zu der Vorstellung eines göttlichen Diktats.[13]

Zum andern sind seit 1517 Schriften im Umfeld der Bibel bekannt geworden, die zwar zunächst als Umwelt, als Kolorit, als Illustration zu den biblischen Schriften verstanden wurden, jedoch inzwischen als gleichberechtigte Partner angesehen werden können, ja angesehen werden müssen. Sie bieten oft einen Jesus an, der anders redet, anders handelt, als wir es aus dem NT gewohnt sind. Dessen Anhänger hatten Gründe, warum ihr Jesus unter anderen Gesichtspunkten betrachtet und vor allem geglaubt werden sollte. Denn die Notwendigkeit, Jesus anders zu verstehen als in der Zeit, als er noch lebte und lehrte, ergab sich schon aus bzw. nach seinem Tod. Die Wende der Zeit mit einem für alle sichtbar erlebten Kommen Gottes zu seinem Gericht über alle Menschen (neben Juden und Römern auch alle Heiden wie Griechen oder Germanen), fand nicht statt. Das ist unstrittig. Strittig ist, ob dieses Kommen Gottes noch zu erwarten ist, ob das Gericht noch stattfinden wird.

Zu diesen inzwischen bekannt gewordenen Schriften gehören auch solche mit Bezug auf Schriften oder Personen des AT. Der bekannteste Fund ist der von Qumran, Schriftrollen und noch mehr Fragmente aus verschiedenen Höhlen vom Toten Meer.[14]

---

[13] Bernd Jörg Diebner: Art.: Bibelwissenschaft I/ 2, TRE 6, 346-374; S. 348

[14] Johann Meier: Die Qumran-Essener: Die Texte vom Toten Meer, Band I 1992, Band II 1995

Das Schriftkorpus, das sowohl zum AT als auch zum NT Bezüge besitzt, sind die Schriften von Nag Hammadi.[15] Welche Aussagen im einzelnen in ihnen getroffen werden, spielt an dieser Stelle keine Rolle. Ich werde weiter unten aus einigen der genannten Schriftsammlungen zitieren. Hier geht es darum festzustellen, dass das reformatorische *sola scriptura* nicht wiederholt werden sollte, ohne dass berücksichtigt wird, was inzwischen an neuen Schriften uns zur Kenntnis gebracht wurde.

Das gilt in gleicher Weise auch für epigraphische, ikonographische und archäologische Funde, die besonders die Frühgeschichte Israels betreffen. Ist es seit einiger Zeit nicht mehr möglich, mit Luther überall in den Schriften des AT Hinweise auf Jesus und sein Heilswerk zu finden, so liefern uns Texte und archäologische Funde den Nachweis, dass der Gott Israels erst allmählich zum einzigen Gott seines Volkes geworden ist. Da er eine Paargenossin besaß, ist die Frühgeschichte Israels als polytheistisch gekennzeichnet.[16] Da die Paargenossin, „seine Aschera“, nicht freiwillig ihre Stelle als Paargenossin aufgegeben haben wird und sowohl ihr Kultpersonal als auch ihre Kultanhängerinnen die Göttin nur gezwungenermaßen verlassen haben können, da die Göttin die Fruchtbarkeit und den Fortbestand Israels garantiert hat, gilt es, entsprechende Partien der Prophetenbücher und der Königsbücher unter diesem Aspekt zu lesen. Somit ist das reformatorische *sola scriptura* als *totae scripturae,* zu verstehen: Alle Schriften und sonstige Quellen aus dem Umfeld von AT und NT sind als relevant zu ihrem Verständnis zu betrachten. **S o** gesehen fühle ich mich ganz in der Nachfolge Luthers.

---

[15] Ursula Ulrike Kaiser/ Hans-Gebhard Bethge (Hg.): Nag Hammadi Deutsch/ Studienausgabe, 3. Aufl., Berlin/ Boston, 2013

[16] Keel, Othmar/ Schroer, Silvia: Eva – Mutter alles Lebendigen/ Frauen- und Göttinnenidole aus dem Alten Orient, 2004; Keel, Othmar: Gott weiblich, 2008; Paolo Xella, Art.: Aschera, RGG I, 4. Aufl. Sp. 806-807: *hebr.*(äische, DK,) *Inschriften zeigen, daß A.*(schera, DK) *zu gewissen Zeiten in Israel die Gattin Jahwes war,* Sp.807.

Friedrich Schorlemmer/ Christian Wolff haben 2017 ein Memorandum mit dem Titel: **Reformation in der Krise/ Wider die Selbsttäuschung**, veröffentlicht. Ihrer Kritik an der Durchführung der Reformationsfeierlichkeiten seitens der EKD kann ich weitgehend zustimmen. Sie braucht jetzt nicht zu interessieren. Wenn die Autoren jedoch fordern: *Ad fontes – zurück zu den Quellen* (S. 8), lassen sie nicht erkennen, dass sie außerbiblische Texte und ihre Relevanz für den heutigen Glauben zur Kenntnis genommen haben. *Wer dem Traditionsabbruch entgegentreten will, muss ein Verhältnis zu den Traditionen finden. Das ist vor allem ein Bildungsauftrag. Wir benötigen GlaubensBildung* (ebd.). Bei dem ‚Traditionsabbruch' sind wohl die Traditionen gemeint, die aus der protestantischen Tradition stammen und in Erinnerung gerufen werden sollen. Der Verfasser vordringliche Sorge ist die Frage nach Gott: *Was geschieht mit uns Menschen, wenn wir die Gottesfrage ausklammern, wenn wir unser Leben nur noch vor uns selbst, nicht aber so vor Gott verantworten, dass immer auch der Nächste im Blick bleibt?* (ebd.). Die Behauptung, dass der Nächste aus dem Blick gerät, wenn wir uns nicht mehr vor Gott verantworten, kann angesichts des Unrechts, das in der Kirchengeschichte dokumentiert ist, nicht aufrecht erhalten werden. Es sei nur an das Ausgrenzen der Arbeiterschaft durch die gottgläubige bürgerliche Teilgesellschaft im 19. Jahrhundert erinnert. Das Gedenken an den 200. Geburtstag von Karl Marx in diesem Jahr wäre ein guter Anlass, über die Rolle der Kirche in jener Zeit nachzudenken.

Curt Fritzsche verdanke ich den Hinweis auf dieses Memorandum sowie die dieses betreffenden Reaktionen in der Leipziger Volkszeitung. Ich werde die Gottesfrage im Laufe dieser Arbeit nicht ausklammern. Ich habe allerdings den Verdacht, dass F. Schorlemmer und Chr. Wolff als Antwort auf die Gottesfrage eine Rückkehr zur Verehrung Gottes, so wie man es von früher her gewohnt ist, erwarten.

Dieses Auslegungsprinzip: *sola scriptura* als *totae scripturae* wirkt sich nun auch auf *solus Christus* aus. Während Luther noch Jesus Christus in Schriften des AT findet und für seine Theologie verwendet,[17] lässt eine

[17] Martin Luther: Von Menschenlehre zu meiden, 1522, WA 10,2, S. 73 *Denn das ist ungetzweyffelt, das die gantze Schrift auf Christum alleine ist gericht.*

solche Auslegung die historisch-kritische Methode nicht zu. Da es keine authentischen Schriften des Jesus von Nazareth gibt, sondern nur Aussprüche, Gleichnisse und ggf. Reden, die von anderen aufgeschrieben wurden, gilt es zu differenzieren, was von Jesus stammen könnte und was von anderen ihm in den Mund gelegt wurde. Somit ist ein unvoreingenommenes *solus Christus* im Sinne Luthers nicht zu wiederholen. Es kommt ja dazu, dass Jesus, bevor er zum Christus wurde, mit dem Ende der Welt und mit Gottes Kommen zum Gericht gerechnet hat. Jesus starb, und das, womit er gerechnet hatte und ein Schwerpunkt seiner Verkündigung war, blieb aus. Hätten nicht andere seine Verkündigung fortgesetzt, wäre Jesus ebenso in Vergessenheit geraten wie andere Heils- oder Unheilspropheten seiner Zeit.[18] Unabhängig davon, ob man an Jesu Auferstehung glaubt oder nicht, Ostern stellt den Wendepunkt in der Geschichte Jesu dar: Aus der Einmaligkeit wurde eine Fortsetzung unter neuem Aspekt. Zu dieser neuen Sicht gehörte, dass die Hinrichtung Jesu als Heilsereignis gedeutet und verstanden wurde. Das von Jesus angekündigte Gericht vollzog Gott bereits an eben diesem seinem Verkündiger und durch dessen Hinrichtungsart, die Kreuzigung, aber nur sozusagen als ersten Akt. Der zweite, der Schlussakt, steht noch aus. Dann entscheidet es sich endgültig, und dies zum einen nach den Normen, die Jesus verkündigt hatte, zum anderen nach den Normen, die sich erst nach Ostern herausgebildet hatten. Dazu gehören die Taufe und das Abendmahl. Aus meiner Sicht bestehen Differenzen zwischen dem Verständnis von Heil und Erlösung durch die biblischen Schriften und dem Verständnis Luthers. Das berechtigt, von neuem zu fragen, worin das Heil und die Erlösung in christlichem Sinn bestehen.

Sola gratia und *sola fide* beziehen sich beide unmittelbar auf das Sündenverständnis in protestantischer Sicht. Gott gewährt seine Gnade ge-

[18] Zu anderen Heils- oder Unheilspropheten zur Zeit Jesu, s. Gerd Theißen: Die Jesusbewegung/ Sozialgeschichte einer Revolution der Werte, Gütersloh 2004, S. 103-108.

genüber dem Sünder, ohne dass dieser eine Leistung (oder Vorleistung) erbringen muss. Allein der Glaube, dass Jesus für unsere Sünden gestorben ist, macht aus einem Sünder einen Gerechtfertigten, der der Strafe im Endgericht entgeht. Soweit ich sehe, gab es dabei kein Problem damit, dass der göttliche Ursprung Jesu in der Zeit seit der Aufklärung infrage gestellt wurde. Selbst wenn nur davon die Rede ist, dass er durch sein Leben und Wirken Gottes Liebe vertreten habe und dass diese Liebe durch das Ostergeschehen bestätigt worden sei, so gab es immer den Zusammenhang zwischen Gott als seinem Vater und Jesus als seinem beispielhaften Sohn, einem Beispiel für uns alle. Voraussetzung ist auch hier, dass das antike Weltbild mit seiner Trennung zwischen Gott und Satan, Licht und Finsternis, göttlichem Himmel und Welt, Geist und Fleisch als Ausdruck für den Bereich von göttlicher Sphäre und dem Bereich der Sünde gilt. Das wird bei Paulus so erklärt, dass wir schon durch unsere Geburt und seit ihr unter dem Gesetz leben. Dieses göttliche Gesetz nun steht für eine Sphäre, für einen Bereich, dem der Mensch nicht entfliehen kann. Dieses Gefangensein in dieser Sphäre, die die Sünde repräsentiert, wird für den Menschen spürbar dadurch, dass er im Fleisch lebt und die durch die Sünde hervorgerufene Lust spürt. Diese Provokation der Sünde erfolgt durch das Gesetz, das auffordert: Lass dich nicht gelüsten! Paulus schreibt:

Also seid auch ihr, meine Brüder und Schwestern, dem Gesetz getötet durch den Leib Christi, sodass ihr einem anderen angehört, nämlich dem, der von den Toten auferweckt ist, damit wir Gott Frucht bringen. Denn als wir im Fleisch waren, da waren die sündigen Leidenschaften, die durch das Gesetz geweckt wurden, kräftig in unseren Gliedern, sodass wir dem Tode Frucht brachten. Nun aber sind wir vom Gesetz frei geworden und dem gestorben, was uns gefangen hielt, sodass wir dienen im neuen Wesen des Geistes und nicht im alten Wesen des Buchstabens. (Römerbrief 7,4-6)

Es dürfte deutlich sein, dass Paulus hier streng Fleisch und Geist, Tod und Leben, altes Wesen des Buchstabens und neues Wesen des Geistes unterscheidet. Diese Trennung war nicht nur für Paulus, sondern in seiner Zeit weithin gültig. Es bleibt jedoch zu prüfen, ob diese fundamentale Zweiteilung so aufrechtzuerhalten ist, wenn man die biblischen, besonders die neutestamentlichen Schriften mit den Augen dessen betrachtet, der sich von Heraklit und in seiner Folge durch die Aufklärung hat belehren lassen.[19] Darüber hinaus kann man fragen, ob die Befreiung von Gesetz, Leidenschaften und Sünde dem Menschen schon die Freiheit brachte?

3. Heraklit und seine Bedeutung für die Theologie

Von Heraklit stammt der Ausspruch: *ethos anthropo daimon* (griech., DK): Das Verhalten ist dem Menschen sein Dämon. Nach der Interpretation von Karl Vorländer,[20] Hermann Schmitz,[21] Burkhard Gladikow[22] und Dieter Brenner beginnt mit Heraklit ein Denken, dass sich auf die Innerlichkeit des Menschen stützt und sich von äußeren Leitungen freimacht.[23] Denn während zuvor Götter, das Schicksal oder „Dämonen"

[19] Einer der Sprüche, die aus Anlass des Reformationsjubiläum 2017 auf Plakaten zu lesen waren, lautete: *Wie kommt wieder Himmelblau in unser Alltagsgrau?* Eine solche Formulierung kann man als verflachte Differenzierung von Gott und Welt verstehen.

[20] Karl Vorländer: Geschichte der Philosophie, 1952, S. 27

[21] Hermann Schmitz: System der Philosophie, Band 3, 2. Teil, Bonn 1981 2. Aufl., S. 480: *Das wichtigste Ereignis in der Geschichte des menschlichen Selbstverständnisses ist die Introjektion, die sich im Europa im 5. und 4. vorchristlichen Jahrhundert durchsetzt,* so H. Schmitz ebd. S. 406.

[22] Burkhard Gladikow: „Tiefe der Seele" und „inner space", in: Die Erfindung des inneren Menschen, hg. von Jan Assmann, Gütersloh 1993, S.114-132, 125.

[23] Gerd Theißen geht ausführlich unter Bezugnahme auf die von Jan Assmann herausgegebenen Studien zur religiösen Anthropologie: *Die Erfindung des inneren Menschen, Gütersloh* 1993, auf die Entwicklung des inneren biblischen Menschen in seinem Buch *Erleben und Verhalten der ersten Christen*, 2007, ein. Die von ihm beschriebene Inner-

für das menschliche Leben als bestimmend angesehen wurden, gilt nun Heraklit zufolge das Verhalten des Menschen, seine Introspektion, die Subjektivität als lebensbestimmend.[24] Nach D. Brenner meldet sich hier *ein reflektierendes Ich zum ersten Mal in der Geschichte der europäischen Philosophie ausdrücklich zu Wort.*[25] *Das geschieht – auch das soll ‚ausdrücklich' hinzugefügt werden - in Auseinandersetzung und Abgrenzung mit dem Göttlichen. Dämon ist der Name für das Schicksal des Menschen, das dieser der Tradition gemäß von den Göttern empfängt.* (...) *Was traditionell als Gegensatz von Göttlichem und Menschlichem, Fremden und eigenem erscheint, wird von Heraklit – sprachlich und gedanklich – im Menschen als Mitte zusammengefügt: Daimon und Ethos sind eins und dasselbe.*[26]

Das heißt nicht, dass der Mensch einen Dämon in sich trägt, gleichsam einen göttlichen Funken, der ihn leitet und führt. Das ehedem äußere Göttliche wird nicht nach innen verlegt. Das Verhalten, sein Ethos, *seine eigene Art ist dem Menschen sein Dämon*, übersetzt D. Brenner den Ausspruch Heraklits (ebd.). Das ist, prinzipiell betrachtet, die Situation des Menschen seit der Aufklärung. Auf Bibelwissenschaft, Theologie und nachreformatorischem Glauben angewendet gilt es zu prüfen, ob es notwendig ist, sich grundsätzlich mit diesem Denken nach Heraklit auseinanderzusetzen. Die kritische Bibelwissenschaft pflegt dieses Denken

---

lichkeit des Menschen rechnet jedoch mit einem außerhalb des Menschen wirkenden Gott. Diese Innerlichkeit unterscheidet sich grundsätzlich von der, die durch Heraklit inauguriert wurde.

[24] *ethos* (im Original griech., DK) *die Wesensart, die individuelle Art bedingt das Sonderschicksal des Menschen (als Kontrastfolie ist an den Aberglauben von einem schicksalbestimmenden daimon* (im Original griech., DK) *zu denken,* so Franz J. Weber in: Fragmente der Vorsokratiker/ Text und Kommentar 1976, zu Heraklit, S. 160.

[25] Dieter Brenner: Heraklit, in: Frido Ricken (Hg.) Philosophen der Antike I, Stuttgart 1996, S. 73-92, S. 75

[26] D. Brenner, S. 76

und diese Haltung. Sie kann nicht anders, als das Wort ‚Gott' im Text so zu behandeln wie jedes andere Wort.

Bei dieser neuen Sicht werden im Gefolge der Aufklärung folgende Voraussetzungen berücksichtigt:

3.1 Die historisch-kritische Betrachtung der Texte stellt eine grundlegende Methode dar. Alle Schriften des AT und des NT wurden von Menschen verfasst. Sie sind geschichtlich (historisch) bedingt. Selbst wenn die Tradition (dazu zähle ich auch Theologen unserer Tage) behauptet, dass Gott oder Gottes Geist diesem oder jenem etwas offenbart oder in die Feder diktiert habe, so kann der betreffende Text wie jeder andere uns überlieferte hinsichtlich seiner Zuverlässigkeit und seiner Aussagen überprüft und kritisch betrachtet werden. Texte werden mit allen zur Verfügung stehenden Mitteln verglichen.[27]

3.2 Die geschichtliche Erwartung läuft nicht auf ein Ziel, auf ein Gericht Gottes und den Beginn seiner Herrschaft zu. Es wird nicht nur in der Politik, sondern auch in der Kirche/ den Kirchen geplant, was in der nächsten Legislaturperiode geschehen soll, was in 30, 50 oder in 100 Jahren eintreten könnte. Dazu kommt, dass unsere Wirklichkeitsbetrachtung ohne Berücksichtigung des Teufels auskommt. Bei Katastrophen, namentlich solchen, die von Menschen verursacht wurden, zieht keine Untersuchungskommission das Wirken des Teufels ins Kalkül. Das aber war für Luther selbstverständliche Betrachtungsweise.

---

[27] Vgl. Samuel Vollenweider: Die historisch-kritische Methode – Erfolgsmodell mit Schattenseiten, ZThK 114, 2017, 243-259, S. 258: *Es ist unübersehbar, dass die historisch-kritische Methode, auch und gerade in ihren pluralaffinen und spätmodernen Erscheinungsformen ein wertvolles und unverzichtbares Instrumentarium in der Auseinandersetzung mit heute markant an Gewicht gewinnenden Formen von religiösem und theologischem Fundamentalismus an die Hand gibt.*

3.3 In die historisch-kritische Betrachtung biblischer Texte werden alle relevanten Quellen und Urkunden, archäologische und ikonographische Erkenntnisse einbezogen. Das bedeutet, dass sie u.U. biblischen Texten ein neues Verständnis abfordern. Wenn wir heute wissen, dass das vorexilische Israel polytheistisch geglaubt und mindestens einer Göttin angehangen und gedient hat, da der Gott Jahwe eine Paargenossin hatte, so müssen die Berichte von ihrer und ihres Kultpersonals Beseitigung anders gelesen und verstanden werden, als die bekannten Texte. Wenn Jahwes Propheten der Aschera Bilder und Altäre zerstört haben bzw. zerstören ließen, so kann nicht generell von Gottes Gerechtigkeit gesprochen werden. Die epigraphischen und ikonographischen Zeugnisse belegen, dass Israel nicht zu Fremdkulten abgefallen ist, weil es die Kulte im Lande Kanaan übernommen hat, sondern dies war seine alltägliche Lebenswelt.

Die vorangegangenen Punkte sind beeinflusst durch jene Weltbetrachtung, die vor 2500 Jahren von Heraklit, wie oben kurz dargelegt, begonnen wurde. Seine drei Worte: *ethos anthropo daimon*: das Verhalten des Menschen ist sein Dämon/ sein Schicksal/ sein Eigenes, mögen etwas dürftig und nicht revolutionär klingen. Geht man jedoch vom Ist-Zustand der heutigen Welt aus, so kann man sich überzeugen lassen, dass Heraklits Gedanke wie jenes geringe Quantum Sauerteig den gesamten Teig beeinflusst hat.[28]

Nach und mit Heraklit gilt folgendes: Der Mensch und die menschliche Gemeinschaft darf sich/ dürfen sich verstehen als unbeeinflusst von göttlichen Mächten – seien sie gut und wohlwollend, seien sie böse und übelwollend. Damit sind auch alle göttlichen Einflussmöglichkeiten

[28] Mt 13,33 *Ein anderes Gleichnis: Mit dem Himmelreich geht es wie mit einem Sauerteige, den eine Frau nahm und in drei Scheffel Weizenmehl verbarg, bis dass es ganz durchsäuert ward,* Ü.: Eduard Schweizer: Das Evangelium nach Matthäus, NTD 2, Berlin 1977, S. 198.

hinfällig. Dazu gehört ein Sündenverständnis, nach dem der Mensch sich versündigt, weil er Gottes Gebote nicht beachtet und nicht befolgt. Dazu gehört ebenso, dass der Mensch von der Sünde befreit werden kann, wenn er in Christi Tod getauft wird. Dazu gehört auch, dass der gläubige Mensch im Abendmahl den Leib und das Blut Christi zu sich nimmt. Falls er das Sakrament unwürdig zu sich nimmt, wird er mit dem Tode bestraft.[29] Dieser Glaube setzt eine Wirklichkeit voraus, die eine mythisch-mystische Realität darstellt und abbildet, in der ein Gott-Mensch über das Wasser gehen,[30] Kranke durch einen Befehl heilen,[31] Wasser in Wein verwandeln[32] und Tote auferwecken kann[33]. Das ist nicht unsere gegenwärtige Realität. Diese unsere gegenwärtige Realität steht im Kontrast zur biblisch dargestellten Realität. Die grundsätzliche Frage, die sich dadurch erhebt, lautet: Ist die christliche Verkündigung auf diese biblische Realität angewiesen oder nicht? Ist die christliche Verkündigung nur verständlich, wenn sie im Rahmen eines Weltbildes erfolgt, dass nicht unseres ist? Rudolf Bultmann[34] sagt: Nein, man muss das mythische Weltbild des NT und damit auch das des AT nicht übernehmen, um die Botschaft der Bibel verkündigen zu können.

---

[29] 1. Kor 11, 27-30: *Krankheiten und Todesfälle sind Folge des Vergehens gegen das Sakrament,* so Hans Conzelmann: Der erste Brief an die Korinther, Göttingen 1969, S. 239 in Auslegung von V. 30.

[30] Mt 14,26

[31] Mt 9,6

[32] Joh 2,7-9

[33] Joh 11

[34] Professor für Neues Testament in Marburg von 1921-1951

4. Rudolf Bultmanns Programm einer Entmythologisierung des Neuen Testaments

R. Bultmann entwickelte ein Programm der Entmythologisierung biblischer Texte, um das Selbstverständnis des Menschen, wie es das Neue Testament in vom Mythos geprägten biblischen Aussagen darlegt, zu beschreiben.[35] Seine hermeneutische Methode einer Entmythologisierung und existentialen Interpretation neutestamentlicher Texte hatte mich relativ schnell überzeugt, als ich sie zur Kenntnis bekam. Ich brauchte mythologische Aussagen im NT, die R. Bultmann aufzählt und von denen oben einige zitiert wurden, nicht als Wahrheit, als so geschehen aufzufassen. Ich folgte ihm darin, dass sich in ihnen ein Existenzverständnis ausdrückt, mit dem ein heutiger Glaube ausgesagt und gelebt werden kann. Dieses Glaubensverständnis lässt sich etwa so formulieren: Durch Jesus, den Mann aus Nazareth, wurde Gottes Liebe offenbart. Diese Liebe hat gleichzeitig dem Menschen seine Verfallenheit und seine Verstricktheit in die Welt offenbar gemacht. Sie äußern sich darin und dadurch, dass er – der Mensch – meint, aus sich selbst heraus leben zu können. Das ist eine Form von menschlicher Eigenmächtigkeit, die dazu führt, im zwischenmenschlichen Miteinander Zorn, Neid, Streit und anderes, was das Miteinander beeinträchtigt, wenn nicht zerstört, hervorzurufen. Denn der von seiner Sorge um sein Leben umgetriebene Mensch versucht, aus sich heraus die Sicherheit zu finden, die er braucht, um menschenwürdig leben zu können. Diese Haltung der Eigenmächtigkeit wird als Sünde bezeichnet. Sie stellt einen Zustand dar, den der Mensch nicht allein, aus eigener Kraft verlassen kann. Denn was immer er unternimmt, er will sich absichern und aus sich selbst leben. Dazu kommt, dass die Eigenmächtigkeit des Menschen nicht nur

---

[35]Rudolf Bultmann: Neues Testament und Mythologie/ Das Problem der Entmythologisierung der neutestamentlichen Verkündigung, in: Kerygma und Mythos, hg. von Hans-Werner Bartsch, Hamburg 1960, S. 15-48

ein ‚menschliches' Problem darstellt, sondern auch ein ‚göttliches'. In seiner Eigenmächtigkeit rühmt sich der Mensch gleichzeitig vor Gott, seinen Geboten gemäß zu leben und sie zu erfüllen. Er rechtfertigt sich selbst vor Gott. Diese Rechtfertigung sieht er als seine Leistung an, derer er sich vor Gott rühmen kann. Die in Jesus geoffenbarte Liebe Gottes öffnet dem Menschen nicht nur die Augen über die Konsequenzen seiner Eigenmächtigkeit, sondern gibt ihm gleichzeitig die Möglichkeit, in liebevoller Weise sein Leben zu gestalten. Diese neue mögliche Haltung lässt sich am besten als Hingabe bezeichnen, eine Hingabe an den Nächsten.

An anderer Stelle beschreibt R. Bultmann die Situation des Menschen folgendermaßen: Der Mensch wird durch das verkündigte Wort Gottes gefragt, ob er *aus der Triebhaftigkeit eines Lebens im isolierten Jetzt*[36] herauskommen will, um *unabhängig und frei* (ebd.) zu sein, um verantwortlich im Blick auf die Zukunft leben zu können. ‚Unabhängig und frei' kann nicht heißen, dass er als Individuum für sich lebt. Es kann nur heißen, dass er dadurch frei wird, um verantwortlich im Sinne dessen handeln zu können, *der vor sich das Leben sieht und mit sich den Nächsten, dem er in der Liebe verbunden ist.*[37]

Oben wurde der Begriff Hingabe zitiert, der die gleiche Haltung beschreibt. Bemerkenswert ist, dass R. Bultmann von der Triebhaftigkeit des Menschen schreibt, aus der der Mensch durch die Verkündigung Gottes an den Menschen herauskommen kann. Ebenso bemerkenswert ist, dass R. Bultmann meint, dass die Theologie *von der Psychoanalyse*

[36] R. Bultmann: Theologische Enzyklopädie, hg. von Eberhard Jüngel und Klaus W. Müller, Tübingen 1984, S. 52

[37] Theologische Enzyklopädie, Anhang 3 „Wahrheit und Gewißheit", S. 184-205, Vortrag, gehalten 1929, S. 200.

(kursiv im Original, DK) lernen kann, und zwar vergleichsweise wie die Theologie von der historisch-kritischen Forschung gelernt hat.[38]

R. Bultmann weist als eine seiner Voraussetzungen für sein Programm einer Entmythologisierung und existentialen Interpretation des NT darauf hin, dass der heutige Mensch als eine Einheit anzusehen ist. Körper, Psyche und Geist leben ohne Einwirkungen von Geistern und Dämonen, im Gegensatz zum Menschen, wie er im NT dargestellt wird.[39] Auch ist unsere Geschichte nicht geprägt von dem Bewusstsein, dass sie auf ein Ziel zuläuft, das von Gott gesetzt und bestimmt ist und an dessen Ende der Mensch Rechenschaft über sein Leben ablegen muss. R. Bultmann spricht sich dagegen aus, die Botschaft des NT, das Kerygma ‚gegenwartsfähig' zu machen. Dazu gehört, dass mythologische Aussagen nicht zu eliminieren sind. Sie sind stattdessen zu interpretieren.

R. Bultmanns Ansicht, dass der heutige, durch die Aufklärung geprägte Mensch eine Einheit bildet, stimme ich uneingeschränkt zu. Damit beginnen jedoch weitere Fragen. Inwieweit kann eine christliche Verkündigung dem heutigen Menschen glaubhaft machen,

- dass er seiner selbst nicht mächtig ist;
- dass er mit seinem Leben sich vor Gott rühmen will;

---

[38] Theologische Enzyklopädie, S. 200; auf den Hinweis auf die Psychoanalyse gehe ich weiter unten ein.

[39] *Der moderne Mensch hat merkwürdigerweise die doppelte Möglichkeit, sich ganz als Natur zu verstehen oder als Geist, indem er sich in seinem eigentlichen Selbst von der Natur unterscheidet. In jedem Falle versteht er sich als ein einheitliches Wesen, das sich selbst sein Empfinden, sein Denken und Wollen zuschreibt. (...) Er schreibt sich die innere Einheit seiner Zustände und Handlungen zu und nennt einen Menschen, der diese Einheit durch den Eingriff dämonischer oder göttlicher Mächte gespaltet wähnt, schizophren,* R. Bultmann: Neues Testament und Mythologie, S. 18-19.

- dass seine Erfahrung, in der Liebe Ambivalenzen zu erleben , durch eine reine, von Gott und durch Jesus in die Welt gebrachte Liebe ersetzbar und zu überbieten wäre;[40]
- dass seine Beziehungsgestaltung auf Zorn, Neid und Streit hinauslaufen muss;
- dass Triebhaftigkeit und Sünde, Sündhaftigkeit deckungsgleich verwendet werden können?

Ein Beispiel für Triebhaftigkeit/ Sündhaftigkeit formuliert Paulus Röm 7,14-21:

Denn wir wissen, dass das Gesetz geistlich ist; ich aber bin fleischlich, unter die Sünde verkauft. Denn ich weiß nicht, was ich tue. Denn ich tue nicht, was ich will; sondern was ich hasse, das tue ich. Wenn ich aber das tue, was ich nicht will, stimme ich dem Gesetz zu, dass es gut ist. So tue ich das nicht mehr selbst, sondern die Sünde, die in mir wohnt. Denn ich weiß, dass in mir, das heißt in meinem Fleisch, nichts Gutes wohnt. Wollen habe ich wohl, aber das Gute vollbringen kann ich nicht. Denn das Gute, das ich will, das tue ich nicht; sondern das Böse, das ich nicht will, das tue ich. Wenn ich aber tue, was ich nicht will, vollbringe nicht mehr ich es, sondern die Sünde, die in mir wohnt. So finde ich nun das Gesetz: Mir, der ich das Gute tun will, hängt das Böse an.

Diese Sätze des Paulus sind grundlegend für sein und für das evangelische Sündenverständnis. Diese Unausweichlichkeit des in seine Sünden verstrickten Menschen kann nur überwunden werden durch jene Offenbarung, die Paulus in Röm 3, 21-24 schildert: Ohne Verdienst und durch den Tod Jesu wird diese Unausweichlichkeit Böses zu tun, beendet. An dieses Werk Jesu, den Gott vor uns und für uns hingestellt hat (Röm 3,25), gilt es zu glauben.

[40] Zur Ambivalenz in der Liebe wie überhaupt zur Situation, disparate Gefühle gleichzeitig zu erleben – s.u.!

5. Das Tun des Guten und des Bösen

Jetzt erheben sich folgende Fragen im Anschluss an das Schriftzitat aus Röm 7,14-21:

- hat man in seiner vorchristlichen Zeit nur Böses getan;
- hat man gewusst, was das Gute im Sinne Gottes ist, es zu tun aber immer unterlassen;
- hat man gewusst, dass in seinem fleischlichen Körper nichts Gutes wohnt?

Worauf es mir bei den erbetenen Antworten ankommt ist zu prüfen, ob diese radikale Trennung in Gut und Böse, in Tun des Guten oder des Bösen, zutrifft oder nicht zutrifft.[41] Kann man sagen, dass es nur ein Entweder-Oder gibt oder nicht vielmehr ein Sowohl-Als-auch? Bei dieser Prüfung ist es erforderlich, introspektiv vorzugehen.

Diese prinzipielle Trennung in das Tun des Guten oder des Bösen ist nicht kompatibel mit einer Auffassung, die die Psychoanalyse nahelegt. Nach ihr sind Gefühle, seien sie bewusst, seien sie noch unbewusst, Teile des Menschen. Sie gehören nicht unter eine fremde Macht. Sie sind in allen unseren Entscheidungen und Handlungen beteiligt. Aber unsere Handlungen können gut sein oder schlecht, können Böses bewirken oder Gutes. Die Gefühle des Menschen gehören zu der Person als ganzer, so wie sie R. Bultmann für unsere Zeit konstatiert hat. Ich denke, es kommt auf die Beurteilung der menschlichen Gefühle durch den christlichen Glauben an, welche Bedeutung das Sündenverständnis heute für den Menschen haben kann und haben soll. Damit hängt un-

[41] Diese Trennung in Gut und Böse und dass der Mensch nur nach Bösem trachtet, ist festgeschrieben in Gen 6, 5: *Als aber der Herr sah, dass der Menschen Bosheit groß war auf Erden und alles Dichten und Trachten ihres Herzens nur böse war immerdar;* und Gen *8, 21 Ich will hinfort nicht mehr die Erde verfluchen um der Menschen willen; denn das Dichten und Trachten des menschlichen Herzens ist böse von Jugend auf.*

mittelbar zusammen, ob der Mensch sich mit sich als Person identifizieren kann oder nicht. Gehört sein Körper, sein Leib, sein Fleisch zu ihm oder muss er sich von ihm distanzieren?

In einer der Antithesen, von der angenommen wird, dass sie auf Jesus zurückzuführen ist, ist deutlich gesagt, dass der Mensch sich von seiner Aggressivität distanzieren muss.

Ihr habt gehört, dass zu den Alten gesagt ist: „Du sollst nicht töten"; wer aber tötet, der soll des Gerichts schuldig sein. Ich aber sage euch: Wer mit seinem Bruder zürnt, der ist des Gerichts schuldig; wer aber zu seinem Bruder sagt: Du Nichtsnutz!, der ist des Hohen Rats schuldig; wer aber sagt: Du Narr!, der ist des höllischen Feuers schuldig.[42]

Man kann diese Interpretation des 5. Gebots durch Jesus als Anwendung seiner Auslegung dessen, was rein macht und was unrein macht, verstehen:

Was aber aus dem Mund herauskommt, das kommt aus dem Herzen, und das macht den Menschen unrein. (Mt 15,18; vgl. Mt 15,10)

Die Unreinheit ist nichts Äußerliches, sie kommt aus dem Herzen. Die Vorstufen zum Töten: verbale Aggressivität, kommen aus dem Herzen und sind ebenso zu beurteilen wie der ausgeführte Mord.

---

[42] Diese Antithese sowie die folgende zum Ehebruch werden durchweg auf Jesus zurückgeführt, vgl. Wolfgang Wiefel: Das Evangelium nach Matthäus, ThHKNT, 1996, S. 105: *Wie in allen folgenden wird der in der Tora enthaltenen Aussage die mit dem ego de lego hymin* (erg. griech, ich aber sage euch, DK.) *eingeleitete neue Interpretation Jesu, die eigentliche Antithese, gegenübergestellt. Die durchgestaltete Formel findet sich erst bei Matthäus. Den Aussagegehalt darf man jedoch jeweils als authentisch ansehen;* Matthias Konradt: Das Evangelium nach Matthäus, NTD 1, 2015, S. 79: *Die Antithesen stellen also nicht Jesu Wort über oder gegen das Wort der Tora, sondern Jesu Auslegung des in der Tora offenbarten Willen Gottes gegen die Auslegung von Schriftgelehrten und Pharisäern.*

Diese Antithese sowie die folgende, bei der es um den Ehebruch bzw.um das Begehren einer Frau geht (Mt 5,27f), kommentiert G. Theißen:

Die gewählten Formulierungen (erg. Jesu, DK) *sind sinnvoll. Die Verschärfung des Tötungs- und Ehebruchsverbots überfordert jeden Menschen: Aggressive Affekte und erotische Faszination können nicht dem menschlichen Willen unterworfen werden. Wer das will, verlangt Unrealisierbares.*[43]

Dieser Ansicht stimme ich zu wie auch der, die der Autor ein wenig später folgen lässt:

Solche Schuldfeststellungen (erg. auf Grund der aus dem Herzen kommenden Affekte, DK) *machen die selbstgerechte Verurteilung von Normwidrigkeiten unmöglich. Sie zwingen zu der Erkenntnis, dass es kein Verbrechen gibt, zu dem wir in uns nicht den Antrieb besitzen.*[44]

Wir besitzen in uns die Affekte zu zerstörerischem Handeln. Das kann man bei Kindern beobachten; das ist, weltgeschichtlich gesehen mit Händen zu greifen, das ist nahweltlich in Partnerschaften offenkundig. Daraus ziehe ich den Schluss: Es ist erforderlich, erst einmal alle seine Affekte und Antriebe zu möglichem Handeln kennenzulernen. Das aber ist unmöglich, wenn man sich von seinem Aggressionsvermögen und von seiner potentiellen erotischen Lust, wie in Mt 5,27f gefordert, distanzieren muss.

Ihr habt gehört, dass gesagt ist, „Du sollst nicht ehebrechen." Ich aber sage euch: Wer eine Frau ansieht, sie zu begehren, der hat schon mit ihr die Ehe gebrochen in seinem Herzen.

---

[43] Gerd Theißen: Die Jesusbewegung, Gütersloh 2004, S. 284f

[44] Ebd. S. 285

Zunächst gewann ich den Eindruck, als ob G. Theißen sich für einen Umgang mit menschlicher Aggressivität im Sinne heutiger Psychologie einsetzt. Er schreibt:

Aggression ist jedes körperliche oder verbale Handeln, das verletzen und zerstören will.[45] Und weiter: *Wenn man davon ausgeht, dass Aggressivität eine anthropologische Konstante ist, ist der Ausdruck von Aggressivität unvermeidbar. Ihre Bewältigung in Vorstellungen und inneren Bildern ist einem unkontrollierten Ausleben vorzuziehen.*[46]

Auch diesem Votum G. Theißens zum Umgang mit seinen Aggressionen schließe ich mich mit dem Zusatz, dass man vor einer wie auch immer gearteten Bewältigung seine Aggressivität kennen muss, an. Ohne diese Kenntnisnahme ist keine Bewältigung, kein erfolgreicher Umgang mit seinen Aggressionen möglich. Jetzt soll noch auf eine interessante Bemerkung G. Theißens hingewiesen werden. Er rechnet Jesu Dämonenaustreibungen zu den nichtaggressiven Handlungen Jesu bzw. der Jesusbewegung.

So *finden wir in der Jesusüberlieferung zwei Handlungsformen ohne Aggressivität: Wunder- und Symbolhandlungen.*

Die Gottesherrschaft kommt als Wunder, aber sie kommt auch in Wundern. Jesus sagt: Wenn ich mit dem Geist [oder dem Finger] Gottes die Dämonen austreibe, so ist die Gottesherrschaft ja schon zu euch gelangt (Mt 12,28 [gt] (*erg.* Übersetzung G. Theißen, DK)) *zu euch gekommen.*[47]

Ich hatte bislang die Dämonenaustreibungen Jesu (vgl. dazu auch Lk 11,20) nicht unter dem Aspekt aggressive oder nichtaggressive Hand-

[45] Ebd. S. 270
[46] Ebd. S. 272
[47] Ebd. S. 273

lung betrachtet. Dämonenaustreibung galt als deutliches Zeichen für das Nahen der Gottesherrschaft. Jesus sah sich durch seinen Erfolg darin bestätigt, dass Gottes Herrschaft nahe ist, im Anbruch begriffen ist. Seine Handlung in irgendeiner Weise kritisch zu betrachten, lag mir fern. Nimmt man aber G. Theißens Urteil, dass eine Dämonenaustreibung ein nichtaggressiver Akt sei zusammen mit der Definition von ‚Aggression': Aggression ist „jedes körperliche oder verbale Handeln, das verletzen und zerstören will", so will Jesus zumindest verletzen. Vertreibung eines Dämons geht nicht ohne Gewalt. Dazu kommt, dass G. Theißen an anderer Stelle schreibt:

Exorzismen waren ins Mythische transponierte Befreiungsakte. Die Dämonen fungierten als stellvertretende Objekte der Eigenaggression.[48]

Ohne Zweifel hat ein Dämon, wenn er sich in einem Menschen niederlässt, seinerseits aggressiv gehandelt. Im NT fehlt ein Beispiel dafür, dass ein Dämon willkommen und sein ‚Wirt' mit ihm zufrieden ist. Der Dämon muss sich gegen den Willen eines Menschen in ihm festgesetzt und ihn somit verletzt haben. Diesen Dämon aber wieder aus einem Menschen zu vertreiben, stellt ebenfalls einen aggressiven Akt dar. Unter dem Aspekt, dass Jesu Verkündigung im Auftrag Gottes geschieht, sind seine Dämonenaustreibungen eigentlich nicht zu kritisieren. Während G. Theißen Jesu Dämonenaustreibungen als nichtaggressive Handlungen versteht, rechne ich sie jetzt jedoch zu den Aggressionen. Damit aber fällt Jesus selbst unter die, die gemäß seiner Auslegung des 5. Gebotes dem Gericht verfallen. Das mag überraschen, ist aber nicht von der Hand zu weisen. Letztlich ist sein Handeln mit den Worten G. Theißens eine „selbstgerechte Schuldzuweisung". Jesus –

[48] Ebd. S. 282

einer von uns, einer, der sich an unsere Seite stellt, ist mir sehr willkommen.

Unter dem Aspekt: Wie weiter mit der Reformation, lässt sich die Erkenntnis, dass Jesus gegen seine eigenen Normen verstoßen hat, fortsetzen, dass auch über seine verkündigten Normen ohne dogmatischen Ballast nachgedacht werden kann. Jesus war nicht nur Mensch wie wir, Jesus verstieß gegen seine eigene Auslegung der Tora. Damit werden auch die Dogmen, die sonst mit seinem Tod und seiner Erlösungstat verbunden werden: Ein Unschuldiger nahm die Schuld aller vor Gott Schuldigen auf sich, obsolet.

Zu diesen aggressiven Handlungen kommen noch die verbalen Attacken Jesu gegen Andersdenkende, die er mit ‚Heuchler' bezeichnet.

Er (erg. Jesus, DK) *aber sprach zu ihnen* (erg. Pharisäer und Schriftgelehrte)*: Richtig hat von euch Heuchlern Jesaja geweissagt, wie geschrieben steht: „Dies Volk ehrt mich mit den Lippen, aber ihr Herz ist fern von mir*, (Mk 7,6).

Auch dies ist ein Verstoß gegen seine eigene Auslegung des 5. Gebotes. Heuchler hat den Stellenwert wie Nichtsnutz oder Narr. Das Pauschalurteil gegen die ihn Fragenden schließt ungeprüft alle ein. Welche Folgen ein solches Pauschalurteil in der Geschichte nach Jesus hatte, braucht nicht erwähnt zu werden. Aber generell kann gesagt werden, dass Jesu Urteil ‚Heuchler' zum Zorn gegen die genannten Gruppen angeregt hat.

6. Exegetische Gründe für das Ausbleiben der Gottesherrschaft

Die Verkündigung Jesu besaß als einen Schwerpunkt das Nahen der Herrschaft Gottes. Sie blieb aus. Zwar sprach Jesus von Gott als Abba

„Väterchen“ und betete zu ihm in der Überzeugung, dass er Gebete erhört und auf sie reagiert. Somit kann Gott nicht als vollkommen abwesend geglaubt worden sein. Dennoch besteht ein gravierender Unterschied, ob man ihn im Himmel sich vorstellt oder ob man damit rechnet, dass er demnächst, in Bälde seine Herrschaft aufrichtet und sein Gericht über die Menschen hält. Dieser Glaube an den zum Gericht kommenden Gott hat sich erst nach dem Exil, wohl erst durch die Fremdbesatzungen Palästinas seit dem 4. Jahrhundert vor Chr. herausgebildet. Was exegetisch sich zeigen lässt, ist eine Abnahme der Überzeugung, dass Gott Macht hat. Die entscheidenden Textstellen sollen hier näher betrachtet werden.[49]

2. Sam 24,1	**1. Chr 21,1**
Und der Zorn des Herrn	*Und der Satan stellte sich*
entbrannte abermals gegen	*gegen Israel und reizte*
Israel und er reizte David	*David, dass er Israel*
gegen das Volk und sprach:	*zählen ließe.*
Gehe hin, zähle Israel und Juda.	

Um die Tragweite des Zorns Gottes sich vor Augen zu führen oder zumindest zu erahnen, sei aus dem gleichen Kapitel der Vers 15 (vgl. 1. Chr 21,14):

[49] Ich übernehme hier Texte, die ich schon in: Dankwart Kirchner: Vom Zorne Gottes und vom Zorn des Menschen, Frankfurt/ M. 2013, S. 54-62 zitiert und besprochen habe; im folgendem zitiert: Vom Zorne Gottes.

Da ließ der Herr die Pest über Israel kommen vom Morgen an bis zur bestimmten Zeit, so dass von dem Volk starben von Dan bis Beerseba siebzigtausend Mann.

Weil dieser Zornesausbruch Gottes mit seinen festgeschriebenen Folgen nicht nachzuvollziehen war, wurde früher herauszufinden versucht, was die Ursache gewesen sein könnte. Man war davon überzeugt, dass Gott nicht willkürlich so viele Israeliten sterben lassen könnte. Aber man muss sich dem exegetischen Urteil stellen: Es war reine Willkür Gottes, David zu reizen und dann die Pest über Israel zu bringen.[50]

In einer Zeit, in der auch die Nachbargötter als in die Geschichte ihres Volkes eingreifend geglaubt wurden, war ein solcher Willkürakt tragbar gewesen. Auch Kamosch, der Gott der Moabiter, konnte sich so verhalten.[51] Aber Israel hatte inzwischen eine doppelte Niederlage zu verkraften: Vernichtung des Nordreiches und Zerstörung des Südreiches mit anschließender Deportation seiner Bevölkerungsteile. So muss es als ein befreiender Vorschlag erlebt worden sein, statt Gott den Satan David zur Sünde reizen zu lassen. Die Chronikbücher beschreiben sozusagen in einer Neuauflage die Geschichte Israels.[52]

---

[50] *Die Einführung des Satans zur Entlastung Gottes zeigt sich bes. deutlich in den beiden Fassungen der Geschichte von Davids Volkszählung. Nach 2. Sam 24,1 ist es Gott selbst, der David zu diesem Tun reizt und ihn dann dafür, dass David Vertrauen auf die eigene Stärke und damit mangelndes Gottvertrauen zeigt, hart straft. In der (...) Fassung derselben Geschichte in 1. Chr 21,1 ist Gott durch Satan ersetzt. Nicht Gott soll zum Bösen gereizt haben, sondern jener Widersacher,* Jürgen Ebach in: Bibel in gerechter Sprache, S. 2343.

[51] Vgl. dazu den Text der Mescha-Stele, auf der vom Zorn des Gottes Kamosch geschrieben steht; der Text in: Walter Beyerlin Religionsgeschichtliches Textbuch zum Alten Testament, S. 255f.

[52] *Der Chronist bedient sich seiner* (erg. Satans, DK), *um das Verhältnis zwischen Gott und David* (...) *rein zu halten,* so Florian Theobald: Teufel, Tod und Trauer, Novum Testamentum et Orbis Antiquus/ Studien zur Umwelt des Neuen Testaments, Bd. 109,

Dieses Umschreiben wichtiger Texte, an denen Gottes Handeln inzwischen bezweifelt wurde, wurde nun fortgesetzt.

So ist in **2. Mose 4,24** zunächst zu lesen:

Unterwegs in einer Herberge trat Jahwe ihm (erg. Mose, DK) *entgegen und wollte ihn töten.*

Die griechische Übersetzung (LXX) bietet stattdessen:

Unterwegs geschah es in der Herberge, da stellte sich der Engel des Herrn ihm (erg. Mose, DK) *entgegen und suchte ihn zu töten.*

Jetzt ist es der Engel Gottes, der den Versuch unternimmt, Mose zu töten. Man konnte natürlich davon ausgehen, dass der Engel des Herrn im Auftrag handelt. Aber es ist bemerkenswert, dass es nicht mehr Gott selbst ist. Wahrscheinlich waren die Übersetzer schon davon überzeugt, dass Gott selbst nicht seinen Mittler und Propheten töten wollte

Das Buch der Jubiläen, eine jüdische apokryphe Schrift, die jedoch in der äthiopischen Kirche zum Kanon ihrer heiligen Schriften gehört, bietet unsere Stelle so:

(Der Engel des Angesichts spricht zu Moses) *Und du weißt, was er mit dir geredet hat auf dem Berge Sinai und was der Fürst Mastema mit dir tun wollte, als du nach Ägypten zurückkehrtest, auf dem Weg bei der Tanne am schattigen Ort. Wollte er dich nicht mit aller seiner Macht töten und die Ägypter retten aus deiner Hand, als er dich sah, daß du gesandt warst, daß du Gericht wirken solltest und Rache gegen die Ägypter?* (**Das Buch der Jubiläen XLVIII, 2-3**)

2015, S. 31. *Mastema dient im Jubiläenbuch insbesondere dazu, Gott von moralisch verwerflichen Verhalten zu entlasten,* ders. ebd. S. 36.

Der hier als Fürst Mastema Bezeichnete ist Satan persönlich. Die drei Konsonanten vom hebräischen Verb stn „anfeinden, anklagen“, die das Wort satan bilden, können auch stm geschrieben werden, aus dem dann der Name Mastema abgeleitet wurde. Der als Engel des Angesichts Bezeichnete ist ein Offenbarer-Engel, ein angelus interpres. Er stellt richtig, was hätte missverstanden werden können, wenn **2. Mose 4, 24** ganz naiv gelesen würde.

Die Frageform deutet noch an, dass man eine andere Lesart kennt, sie aber für unzutreffend halten musste, da Gott eine solche Tat unmöglich planen und versuchen konnte sie auszuführen.

Eine weitere Stelle mit vergleichsweise umgeschriebener Textgeschichte findet sich **1. Mose 22,1-2.9-12**:

*1 Nach diesen Begebenheiten geschah es, da prüfte Gott Abraham und
sprach zu ihm: „Abraham, Abraham!“ Er antwortete: „Hier bin ich!“ 2
Da sprach er: „Nimm deinen Sohn, deinen einzigen, den du liebhast,
den Isaak, und gehe in das Land Morija und bringe ihn dort auf einem
der Berge, den ich dir sagen werde, als Brandopfer dar!“ 9 Als sie an
den Ort kamen, den Gott ihm gesagt hatte, baute Abraham den Altar,
schichtete das Holz auf, band seinen Sohn und legte ihn auf den Altar,
oben auf das Holz. 10 Dann streckte Abraham seine Hand aus, nahm
das Messer, um seinen Sohn zu schlachten. 11 Da rief der Engel Jahwes
vom Himmel her ihm zu und sprach: „Abraham, Abraham!“ Er antwortete: „Hier bin ich!“ 12 Da sprach er: „Strecke deine Hand nicht nach
dem Jungen aus und tu ihm nichts zuleide. Denn nun weiß ich, dass du
Gott fürchtest und mir deinen einzigen Sohn nicht vorenthalten hast.“*

Das Buch der Jubiläen XVII,15-17. XVIII, 1-2.8-12 bietet den Text so:

15 Und es war in der siebenten Jahrwoche, in ihrem ersten Jahr, im ersten Monat in diesem Jubiläum, am 12. dieses Monats, da war eine Stimme im Himmel wegen Abraham, dass er glaubend sei in allem, was er zu ihm geredet habe, und dass er Gott liebe. In aller Trübsal sei er glaubend. 16 Und es kam [heraus] der Fürst Mastema und sagte vor Gott: „Siehe, Abraham liebt den Isaak, seinen Sohn und er freut sich über ihn vor allen. Sage ihm, er solle ihn hinausbringen als Brandopfer auf den Altar! Und du wirst sehen, ob er dieses Wort tut. Und du wirst wissen, ob er glaubend ist in allem, womit du ihn versuchst." 17 Und der Herr wusste, dass Abraham gläubig war in aller seiner Trübsal, die er ihm genannt hatte. Denn er hatte ihn versucht mit seinem Land und durch Hungersnot. Und er hatte ihn versucht durch den Reichtum der Könige. Und er hatte ihn wiederum versucht durch seine Frau, als sie ihm geraubt wurde, und durch die Beschneidung. Und er hatte ihn versucht durch Ismael und durch Hagar, seine Sklavin, als er sie fortschickte. XVIII,1 Und der Herr sagte zu ihm: „Abraham, Abraham!" Und er sagte: „Hier bin ich". 2 Und er sagte: „Nimm deinen geliebten Sohn, den du liebst, Isaak, und gehe in das hochgelegene Land und bringe ihn dar auf einem der Berge, den ich dich wissen lassen werde!". 8 Und er baute einen Altar und legte das Holz auf den Altar und band Isaak, seinen Sohn, und legte ihn auf das Holz, das auf dem Altar war. Und er streckte seine Hand aus, dass er das Schlachtmesser nehme, um Isaak, seinen Sohn, zu opfern. 9 Und ich stand vor ihm und vor dem Fürst Mastema. Und der Herr sagte: „Sage ihm, er soll nicht seine Hand hinführen über den Knaben und nichts an ihm tun! Denn ich habe erkannt, dass er den Herrn fürchtet." 10 Und ich rief ihn vom Himmel her und sagte zu ihm: „Abraham, Abraham!" und er erschrak und sagte: „Siehe, ich!" 11 Und ich sagte zu ihm: „Führe deine Hand nicht an den Knaben, und tue ihm nicht an! Denn ich habe jetzt erkannt, dass du den Herrn fürchtest und deinen erstgeborenen Sohn nicht geschont hast vor mir" 12 Und der Fürst Mastema wurde beschämt.[53] ...

Der Fürst Mastema hatte sich inzwischen in der Volksmeinung als Verführer etabliert. Er tritt auf und sät Zweifel bei Gott bezüglich der Treue Abrahams und seines Glaubens. Nur auf Grund dieses Einspruchs, dieser Einflüsterung Mastemas prüft Gott Abraham, wird dem Leser mitgeteilt. Die Geschichte endet jetzt damit, dass der Fürst Mastema/ Satan für sein Handeln beschämt wird. Das ist als Niederlage zu verstehen. Gleichzeitig soll der Fromme, der das hört oder liest, in seinem Glauben bestärkt werden und in seinen Anfechtungen den dahinter wirkenden Satan erkennen.

In Qumran findet sich zur gleichen Thematik ein Fragment **4Q 225 (Pseudo-Jubilees) Frg. 2, col. 1,7-13; col. 2,2-13**[54]

col. 1

7 Und [Abraham] gl[aubte] 8 Go[t]t, und es wurde ihm als Gerechtigkeit zugerechnet. Dan[ach] wurde [Abraha]m ein Sohn 9 geboren und er nannte ihn Isaak. Und der Fürst M[as]tema kam 10 [zu G]ott und er klagte Abraham wegen Isaak an. Und [G]ott sprach 11 [zu Abra]ham: „Nimm deinen Sohn Isaak, deinen einzi[gen, den] 12 [du lie]bst und bringe mir ihn als Brandopfer dar auf einem der [hoh]en Berge 13 [den ich] dir [sagen werde".] Und er sta[nd auf und g]in[g] fort von den Zisternen zum Be[rg] Moria.

---

[53] *Indem abweichend von der ursprünglichen Fassung der Erzählung (Gen 22,1-19) ein Teufel für die Versuchung verantwortlich gemacht wird, soll vermutlich Gott von solcher dunklen Unbegreiflichkeit entlastet werden,* so Olav Hansen: Versuchung Jesu – Überwindung Satans, in: FS Klaus Berger, 2000, S. 119-135, S. 124f.

[54] Text und Ergänzungen s. Vom Zorne Gottes, S. 60.

col. 2

2 ... und Isaak sagte zu Abraham, [seinem Vater: „Siehe hier ist Feuer und Holz, aber wo ist das Lamm] 3 für das Brandopfer"? Abraham sagte zu [Isaak, seinem Sohn: „Gott wird sich das Lamm auswählen] 4 für sich. Isaak sprach zu seinem Vater: „B[inde mich gut..."] 5 Die Engel der Heiligkeit standen weinend über [dem Altar...] 6 ... seinen Sohn von der Erde. Und die Engel des (Fürsten) M[astema...] 7 freuten sich und sagten: „Jetzt wird er zugrunde gehen". 7 Und [der Fürst Mastema prüfte in allem, ob] 8 er schwach gefunden würde und ob A[braham] nicht [auf Gott] vertrauend gefunden würde. [Und er rief:] 9 "Abraham, Abraham"! Er antwortete: „Hier bin ich". Und er (Gott) sagte: „Je[tzt weiss ich, dass...] 10 nicht wird er lieben". Und Gott der Herr segnete Is[aak alle Tage seines Lebens. Er wurde der Vater von 11 Jakob. Und Jakob wurde der Vater von Levi, [eine dritte] Genera[tion alle] 12 Tage von Abraham, Isaak, Jakob und Levi... 13 Der Fürst Mastema wurde gefesselt...

Die Ergänzungen dieses recht lückenhaften Textes können als einigermaßen gesichert gelten, weil diese Bearbeitung der Abraham-Isaak-Geschichte auch in jüdischen Texten aus späterer Zeit zu finden ist. So wird in jüdischer Tradition nicht von Opferung, sondern von der Bindung Isaaks gesprochen.

Für mich stellt diese Entwicklung von 2. Sam 24,1 zu 4Q 225 eine eindeutige Abgabe der Macht Gottes und eine ebenso eindeutige Übernahme der Macht des Satans dar. Das Szenarium von Versuchung und Opferung wird in 4Q 225 PseudJub dadurch gesteigert, dass auf beiden Seiten Engelgruppen eingeführt werden, die die Szene kommentieren. Die Engel Gottes klagen darüber, dass Isaak geopfert werden soll. Die Engel des Fürsten Mastema freuen sich über das bevorstehende Ende Isaaks. Entscheidend ist nun, dass Gottes Rolle in diesen Szenen immer geringer und bedeutungsloser wird. Hatte er noch in Gen 22 agiert, den Befehl an Abraham selbst ausgesprochen, so wurde es der biblische Satan/ der Fürst Mastema im Jubiläen-Buch. Noch später, in 4Q 225 PseudJub wird der Fokus auf die weinenden und sich freuenden Engel gerichtet. Dazu wird jetzt auch Abraham entlastet, indem Isaak die Worte an seinen Vater richtet: „Binde mich gut". So übernimmt er einen Teil der Verantwortung, dass seine Opferung auch wirklich von Gott als Opferung anerkannt werden kann. Auch wenn die Leser in Qumran mit Genugtuung zur Kenntnis genommen haben, dass der Fürst Mastema gefesselt wurde, so blieb doch der Satan oder welchen Namen auch immer er trug, wirksam. Jesus rechnete mit ihm, sah ihn vom Himmel stürzen (Lk 10,18), was als eine weitere Entmachtung anzusehen ist. Für Paulus und den Evangelisten Matthäus ist er wieder mit voller Macht ausgestattet, ja gilt als Gott dieser Welt. Die Übernahme der Macht durch den Satan drückt sich bei Paulus so aus:

Ist aber unser Evangelium verdeckt, so ist's denen verdeckt, die verloren werden, den Ungläubigen, denen der Gott dieser Welt den Sinn verblendet hat, dass sie nicht sehen das helle Licht des Evangeliums von der Herrlichkeit Christi, welcher ist das Ebenbild Gottes. (2. Kor 4,3-4)

Satan ist hier zum ‚Gott dieser Welt' avanciert. Diese Aussage macht deutlich, dass es (noch) nicht bis zu Paulus vorgedrungen war, dass der himmlische Satan längst unter Zeugenschaft Jesu entmachtet worden war, also gar nicht mehr der Gott dieser Welt sein konnte. Auch Jahre später, als Matthäus sein Evangelium unter Aufnahme des Markus-Evangeliums schrieb, galt er immer noch als so mächtig, dass er Jesus in Versuchung führen konnte, Herrscher über die Reiche der Welt zu werden, die der Satan ihm zeigte.

Da wurde Jesus vom Geist in die Wüste geführt, damit er vom Teufel versucht würde. (...) *Wiederum führte ihn der Teufel auf einen sehr hohen Berg und zeigte ihm alle Reiche der Welt und ihre Herrlichkeit und sprach zu ihm: Das alles will ich dir geben, wenn du niederfällst und mich anbetest.* (Mt 4, 1.8.; vgl. Mk 1,12f)

Die Steigerungen der Versuchung in Mt 4,1-11 brauchen hier nicht zu interessieren, auch nicht die Art und Weise, wie Jesus den Versuchungen widerstand. Hingewiesen habe ich auf diese Stellen, dass die Macht des Satans trotz Jesu Vision von dessen Sturz uneingeschränkt kommuniziert wurde, möglicherweise als Konsequenz aus dem Ausbleiben von Gericht und Herrschaft Gottes. Dieser Wechsel der Macht in der Welt lässt sich damit erklären, dass sich die Zeiten bzw. die Ansichten davon, was ein Gott darf und was er nicht darf, geändert haben. Weil aber die Hoffnung auf Gottes gutes und gerechtes Regiment gerichtet ist, hat sich auch die Vorstellung entwickelt, dass Gott zum Gericht kommt und mit ihm seine erneute Herrschaft aufrichtet. Die prophetischen Versprechen und andere Zusagen Gottes, dass er sein Volk schütz und erhält und andere Völker vor ihm und seinem Volk niederknien, waren nicht vergessen worden – wie sie ja heute noch nicht vergessen sind. Das Ändern der Zeiten und der Ansichten bedeutet gleichzeitig, dass es sich um einen kommunikativen Prozess handelt. Man sprach darüber, man hörte Predigten, las Schreiben, hörte zu, wenn sie vorgelesen wurden. Damit wird infrage gestellt, dass der Sturz des Satans aus dem Himmel, den Jesus als Vision erlebt hat (Lk 10,18), einen realistischen Hintergrund hatte. Er war eine Vision, er war so etwas wie ein Tagtraum. Er hatte keine ontologische Basis. Satan lebte nicht im Himmel mit Gott und seinen anderen Gottessöhnen, zu denen auch der Satan gehört hat (Hiob 1). So konnte er auch nicht aus dem Himmel gestoßen und sein Sturz von Jesus gesehen werden. Damit wird auch die Basis für Jesu Sicherheit, dass die Herrschaft Gottes im Anbruch begriffen ist, hinfällig. Auf diesem Hintergrund ist es auch verständlich, dass Gottes Kommen und Gottes Gericht ausgeblieben sind. Denn so wie in den zitierten Texten Gottes Abgabe seiner Macht ein kommunizierter Prozess war und parallel dazu der Satan an Macht gewann, so gilt auch die Hoffnung auf Gottes Gericht als eine rein kommunizierte Vorstellung ohne eine ontologische, geschichtstheologische Basis. Wenn dann Gottes Gericht über den Menschen als am Kreuz vollzogen gedeutet und verstanden wurde, so ist diese Interpretation verständlich, aber es ist eine Interpretation und als Ausweg zu betrachten. Dass dieser Ausweg so tragfähig wurde bis in unsere Tage, spricht nicht dagegen, dass es ein Ausweg war. Paulus schreibt zur Deutung des Kreuzestodes Jesu:

Denn auch unser Passalamm ist geopfert, das ist Christus (1. Kor 5,7).

Dazu schreibt Gunther Wenz: *Der Gekreuzigte wurde als unser Passahlamm geschlachtet (1. Kor 5,7)*[55] (...) *In der Pesachthematik ist unschwer das Motiv der Erlösung und Versöhnung erkennbar.* [56]

Dazu sei noch angefügt 1. Kor 15, 3:

Denn als Erstes habe ich euch weitergegeben, was ich auch empfangen habe: Dass Christus gestorben ist für unsere Sünden.

Wir singen regelmäßig zu jedem Abendmahl:

Christe, du Lamm Gottes, der du trägst die Sünd' der Welt, erbarm dich unser!

Das ist zusammengefasst die Deutung des Kreuzestodes Jesu. Aber es ist eine Deutung. Mit den Worten von G. Wenz: *Eine in strenger begrifflicher Systematik entwickelte theologia crucis* (= Theologie des Kreuzes, DK), *wird im Neuen Testament nirgends geboten. Die Deutun-*

---

[55] Gunther Wenz: Christus/ Studium Systematische Theologie, Band 5, Göttingen 2011, S. 314

[56] G. Wenz ebd. S. 315

gen des Todes Jesu erfolgen in multiperspektivischer Weise, wobei der gemeinsame Horizont durch das Ostergeschehen erschlossen ist.[57]

Es besteht ja immer noch die Frage, warum die christliche Botschaft heute viele Menschen nicht mehr erreicht. Und es bleibt die Frage, ob es notwendig ist, mit der christlichen Verkündigung die Vorstellung zu verbinden, dass Gott und Welt, Geist und Fleisch, Gut und Böse zwei gänzlich verschiedene Sphären sind und ob wir obendrein noch mit einem Satan zu rechnen haben, der als Versucher zur Sünde anzusehen ist, wie es noch Luther getan hat. Dass im „Unser-Vater" gebetet wird: *Und führe uns nicht in Versuchung, sondern erlöse uns von dem Bösen,* bezieht sich auf den Teufel und sein Werk. Es scheint mir jedoch ebenso verblasst wie die Bitte: *Dein Name werde geheiligt!* Dass dieses alles im Neuen Testament gut nachzulesen ist, ist keine Frage und ist nicht das Problem. Das Problem ist, ob man ein Sünder werden muss, sich als ein erlöster Sünder erleben muss, um sich in dieser unserer Welt zurechtzufinden.

Geht man zunächst davon aus, dass das Zeitverständnis Jesu und das vieler seiner Zeitgenossen ein zeitbedingtes, aber wie jedes andere Geschichtsverständnis ohne ontologische Basis war, so muss man es nicht zur Voraussetzung einer christlichen Verkündigung machen.

Wenn wir uns an Luther orientieren und ihn zum Maßstab reformatorischer Theologie machen, nach dem wir uns heute noch zu richten haben, dann müssen wir diese Trennung von Gott und Welt bzw. Gott und Satan, Geist und Fleisch, Gut und Böse beibehalten bzw. übernehmen. Anhand des Streites zwischen Luther und Erasmus soll gezeigt werden, wie man über Luther hinaus kommen und gleichzeitig seiner - Luthers - Ansicht von eigenständiger und verantwortungsvoller Person gerecht werden kann.

[57] G. Wenz a.a.O. 315

7. Martin Luther und Erasmus von Rotterdam

In der Auseinandersetzung mit Erasmus von Rotterdam stand für Luther das Theologische im Vordergrund, seine Ansicht, dass der Mensch keinen freien Willen habe, weil alles von Gott vorherbestimmt ist. Bereits die Titel der Schriften der beiden, um die es ging, demonstrieren zwei unterschiedliche Welten: De servo arbitrio/ Vom unfreien Willen (Martin Luther)[58] und De libero arbitrio/ Vom freien Willen (Erasmus von Rotterdam)[59]. Die Welt des einen ging vom Erlösungswerk Christi aus, besonders unter dem Aspekt, der Luther erst im Laufe der vorangegangenen Jahre klar geworden war. Der andere vertrat ein Menschenbild, das vom Renaissance-Humanismus bestimmt wurde. Wenn der Mensch einen freien Willen hätte, so Luther, so könne und müsse er sich an seinem Erlösungswerk beteiligen. Das aber würde Gottes Erlösungswerk des Menschen beeinträchtigen, ja man kann sagen: überflüssig machen. Erasmus vertrat eine Anthropologie, nach der der Mensch eine Freiheit besaß, bevor er durch Gottes Erlösungswerk zum christlichen Glauben kam. Denn mit seinem Willen nimmt er das Angebot Gottes zum Glauben an. Erasmus schreibt:

Unter freiem Willen verstehen wir in diesem Zusammenhang das Vermögen des menschlichen Willens, mit dem der Mensch sich dem, was zur ewigen Seligkeit führt, zuwenden oder von ihm abwenden kann.[60]Und so, wie der Mensch sich an seinem Erlösungswerk beteiligen kann und soll, so soll er auch sich bemühen, aus aktuellen Sünden herauszukommen: *Sind wir in Sünden hineingeraten, so sollen wir mit aller Kraft herauszukommen trachten, das Heilmittel der Buße auf uns nehmen und uns auf jede Weise bemühen um die Barmherzigkeit des*

[58] Martin Luther: De servo arbitrio, in: Hauptschriften, Berlin 1951, S. 146-207

[59] Erasmus von Rotterdam: De libero arbitrio, verdeutscht von Otto Schumacher, 6. Aufl. 1988, 7. Aufl. 1998.

[60] 6. Aufl. S. 24

Herrn, ohne die weder der Wille des Menschen noch sein Streben wirksam ist.[61]

Erasmus vertritt die vor Luther gültige Heils- und Erlösungslehre. Das war also nichts Neues und es war gut begründet: Wenn alles vorherbestimmt ist, braucht man sich nicht um Gott und sein Erlösungswerk zu bemühen.

Luther antwortet Erasmus und besteht auf seiner Ansicht, dass der menschliche Wille nichts vermag, was zu seiner Erlösung notwendig ist. Alles ist Gottes Werk. Diese Auffassung lässt Luther dazu verleiten, eine andere Auffassung als ‚nicht christlich' zu bezeichnen, weil die göttliche Gnade nicht vereinbar mit dem menschlichen Willen ist:

Denn eben hierum geht es uns, zu untersuchen, was der freie Wille vermag, was an ihm geschieht, und wie er sich zur Gnade Gottes verhält. Wenn wir dies nicht wissen, werden wir überhaupt nichts Christliches verstehen und schlimmer sein als alle Heiden. Wer das nicht begreift, der gebe zu, dass er kein Christ ist; wer das aber tadelt und missachtet, der wisse, dass er der größte Feind der Christenheit ist.[62]

Luther schreibt nicht direkt: Du bist mit deiner Auffassung vom freien Willen kein Christ. Aber er meint eindeutig Erasmus persönlich. Das ist mehr als kränkend, das ist beleidigend. Diese Haltung Luthers wird dadurch verstärkt, dass er seine Gefühle mitteilt, die er bei der Lektüre des Buches De libero arbitrio gespürt hat: *ausschließlich Ekel, Unwille und Verachtung.*[63]

Und um seine Verachtung zu verdeutlichen, hält Luther Erasmus vor, er füttere in seinem Herzen *einen Lukian oder sonst ein Schwein aus der*

[61] 6. Aufl., S. 24
[62] Hauptschriften S. 154-155
[63] Hauptschriften S. 147

Herde Epikurs, der selber überhaupt nicht an Gott glaubt und im Stillen alle verlacht, die glauben und bekennen.[64]

In einer Folgeschrift antwortet Erasmus auf Luther:

Nachdem du mich so oft zu einem Lukian gemacht, der ich in meinem Herzen spräche: ‚Es ist kein Gott', nachdem du mich zu einem Schwein aus der Herde Epikurs gemacht, gleichsam als glaubte ich überhaupt nicht an Gott, oder - wenn es einen gebe - so kümmere er sich nicht um die Angelegenheiten der Menschen; nachdem du mir, wie gesagt, derartige Dinge ins Gesicht geworfen, wie sie niederträchtiger nicht erfunden werden können, fügst du noch die Übertreibung hinzu: ich wisse schon, was du hier noch zurückhieltest. Hier wäre der Punkt, gegen dich zu toben, wenn ich die Frechheit deiner Feder nachahmen wollte.[65]

Man kann an diesen Umgangsstil Luthers anknüpfend fragen, wieso er, der von der Freiheit eines Christenmenschen viel weiß und differenzierend zu Freiheit und zu Dienstbarkeit sich geäußert hat, sich auf diese Weise mit einem anderen Christen auseinandersetzt (obwohl dies aus meiner Sicht keine Auseinandersetzung, sondern eine Diffamierung darstellt). Erasmus, der anfänglich Sympathien für Luthers Anliegen bekundet hatte, ging auf Distanz zu den reformatorischen Zielen der Wittenberger. Das ist im höchsten Grade bedauerlich.

---

[64] Hauptschriften S. 151

[65] Erasmus: Schutzschrift (Hyperaspistes) gegen Martin Luthers Buch „Vom unfreien Willen", Leipzig 1986, S.31. Diese Anspielung „Schwein aus der Herde Epikurs" nimmt ein Zitat aus einem der Briefe Horaz' an Albius Tibullus auf. Es lautet: *Willst du mal lachen, besuch mich: Du findest mich rund und behäbig, glänzend das Fell, recht ein Schweinchen aus epikuräischer Herde.* Den Hinweis auf diesen Text verdanke ich Roderich Kirchner. Während Horaz es komisch meint, muss das Zitat im Laufe der Zeit zum Schimpfwort geworden sein.

Johan Huizinga beurteilt in seiner Erasmus-Biografie den Stil von Luther in De servo arbitrio als eine ‚Vergröberung' seines Glaubens und seiner Lehre, weil er die Schrift De libero arbitrio mit Widerwillen aufnahm. ‚Mit primitiven Metaphern eines hochfahrenden Glaubens' antwortet Luther Erasmus von Rotterdam. Dem schließe ich mich an. [66] Ich denke, es war für Luther deswegen möglich, weil er in dem biblischen Dualismus Geist-Fleisch, Gott-Teufel, Glaube-Unglaube gefangen ist. Da kann es kein Sowohl-Als-auch geben. Da gibt es nur ein Entweder-Oder. Entweder Gott bewirkt den Glauben ohne Anteil des menschlichen Willens oder es ist kein Glaube.

Sicherlich hat, historisch gesehen, Heinz Schilling mit seiner Beurteilung des Streits zwischen Luther und Erasmus recht, wenn er schreibt:

In der Auseinandersetzung mit Erasmus steigerte der Wittenberger mit unerbittlicher Radikalität seinen bereits in den frühen Reformschriften erhobenen Widerspruch gegen die römische Leistungstheologie und das ihr entsprechende optimistische Menschenbild der Humanisten bis hin zu einer definitiven Trennlinie. (…) *Die Schärfe gerade dieser Kontroverse befremdet moderne Leser; die Zeitgenossen erfasste schon bei der Ankündigung der Lutherschrift blankes Entsetzen.*[67]

Ich räume ein, dass ich als Student bei der Lektüre von De servo arbitrio nur auf die theologische Argumentation und ihre wesentlichen Aussagen geachtet habe. Umgangsstil oder Umgangston hatten mich nicht ‚befremdet'. Das hat sich im Laufe der Jahre verändert. Umso mehr halte ich es für erforderlich, das Missverhältnis zwischen Luthers Anspruch, ein ‚Christ' zu sein und seinem gleichzeitigem Anspruch, einem anderen nachweisen zu können, dass er kein Christ sei, zu beleuchten. Die Le-

---

[66] Johan Huizinga: Erasmus und Luther, Kevelaer u.a. 2016, 1. Aufl. 1928, S. 232

[67] Heinz Schilling: Martin Luther. Rebell in einer Zeit des Umbruchs, 3. durchgesehene Aufl., München 2014, S. 390

serschaft sei ermuntert, sich mental sowohl in Luthers Position als auch in die des Erasmus zu begeben. Wie fühlt man sich, wenn man als ‚Schwein aus der Herde eines Heiden' bezeichnet wird, obwohl man ja zu der Herde jenes gehört, der einen so diffamiert? Wie fühlt man sich, wenn man andere als ‚Schweine aus der Herde eines Heiden' bezeichnet, obwohl sie zur eigenen Herde gehören? Die Reaktion des Erasmus in seiner zitierten Antwortschrift lässt erahnen, wie ihm zumute war. Das darf auch als Zurückweisung der Ansicht verstanden werden, dass es in damaliger Zeit üblich war und keine weiteren Auswirkungen hatte, so miteinander umzugehen.

In den Thesen Luthers zur scholastischen Theologie von 1518 schreibt er:

These 17: Der Mensch kann von Natur aus nicht wollen, dass Gott Gott sei.

These 18: Vielmehr wolle er, dass er Gott und Gott nicht Gott sei.[68]

Vermutlich hat Luther in Anknüpfung an Gen 3,4-5 diese Thesen formuliert:

Da sprach die Schlange zur Frau: Ihr werdet keineswegs des Todes sterben, sondern Gott weiß: An dem Tage, da ihr davon esst, werden eure Augen aufgetan, und ihr werdet sein wie Gott und wissen, was gut und böse ist.

Gleichgültig, worauf er sich bezog, Luther spricht davon, dass der Mensch gar nicht wollen kann, dass Gott Gott ist, weil er selber Gott sein will. Das ist noch etwas mehr als Sein-Wollen wie Gott. Hinter Gen

[68] Martin Luther: Thesen zur Disputation mit scholastischer Theologie, Lateinisch-deutsche Studienausgabe, hg. von Wilfried Härle u.a., Band 1, Leipzig 2006, S. 19-33, S.23 ; WA I, 224

3,5 steckt ja der Gedanke einer Koexistenz zwischen Göttern. Das ist zwar auch schon anmaßend und strafbar, wenn ein Mensch wie Gott sein will, aber Gott selbst wird nicht infrage gestellt. Ich denke aber, dass Luther eine solche Aussage wie: Der Mensch kann nicht wollen, dass Gott Gott sei, nur treffen konnte, nachdem er dieses Gefühl, diesen Anspruch gespürt hat. Zumindest könnte er gespürt haben, dass er sein Denken und Fühlen mit Gottes Handeln vergleicht. Bei diesem Vergleichen wird Gott gelegentlich der Unterlegene gewesen sein. Ich will darauf hinaus, dass dieses Vergleichen mit Gott durch ein Gottähnlichkeitsgefühl provoziert wird, das zum Menschen gehört. Darauf werde ich weiter unten eingehen. Hier sei aber schon angemerkt, dass Luther nach meiner Meinung mit Erasmus nicht diffamierend gestritten hätte, wenn er sein Gottähnlichkeitsgefühl wahrgenommen hätte. In der Terminologie Sigmund Freuds nennt man das ‚Ausagieren' eines Gefühls, einer Phantasie. Ein Gefühl, das der Mensch nicht reflektiert und nicht als sein Gefühl, seine Phantasie erkannt und verinnerlicht hat, kann ausagiert werden. Das bedeutet, man befriedigt sein Gefühl, sein Bedürfnis, ohne es zu wissen und ohne es zu kennen. Das braucht nicht zwangsläufig zu geschehen. Wenn aber jemand sich in einem Streit so verwickelt wie es Luther mit Erasmus getan hat ist zu fragen, welche Gefühle, welcher Anspruch werden ausagiert. Luthers Anspruch, Recht zu haben und Recht zu behalten, wird besonders in seiner Schrift **Vom unfreien Willen** deutlich.

Auch in Luthers Schrift **Von der Freiheit eines Christenmenschen** kann man aufzeigen, dass es unberücksichtigte emotionale Defizite gibt.[69]

[69] Martin Luther: Von der Freiheit eines Christenmenschen, 1520, in M.L. Deutsch-deutsche Studienausgabe, Band 1, hg. von Dietrich Korsch, Leipzig 2012, S. 277-315, übertragen von Dietrich Korsch.

8. Luthers Schrift Von der Freiheit eines Christenmenschen

Luther formuliert gleich zu Beginn die doppelte, widersprüchlich klingende These:

Ein Christenmensch ist ein freier Herr über alle Dinge und niemandem untertan.

Ein Christenmensch ist ein dienstbarer Knecht aller Dinge und jedermann untertan.

Dabei bezieht Luther sich auf 1. Kor 9,19:

Denn obwohl ich frei bin von jedermann, habe ich doch mich selbst jedermann zum Knecht gemacht, auf dass ich möglichst viele gewinne.

Luther entfaltet ausführlich die christliche Freiheit. Das war sowohl für ihn als auch für seine Hörer und Hörerinnen und Leser und Leserinnen sehr wichtig. Denn das in seiner Schrift entfaltete Freiheitsverständnis war neu. Es musste ausführlich dargelegt werden, dass es sich um ein dialektisches Verständnis handelt. Die zuvor verinnerlichte, kirchliche Vormundschaft sollte zugunsten eines vor Gott mündigen Christen aufgegeben werden. Aber der mündige, frei gewordenen Christ soll nicht einfach seine Freiheit genießen, sondern soll sich vielmehr gleichzeitig zum Dienst an seinem Nächsten verpflichtet fühlen. ‚Verpflichtet fühlen‘ ist eine nicht zutreffende Terminologie, eine nicht zutreffende Beschreibung des ‚mündig‘ und frei gewordenen Christen in seiner Beziehung zu seinem Nächsten. Luther schreibt:

Ein Christenmensch ist ein dienstbarer Knecht und jedermann untertan, das heißt: Sofern er frei ist, braucht er nichts zu tun. Sofern er Knecht ist, muss er allerlei tun. Wie das zugeht, wollen wir sehen.[70]

So zu lesen in These 19. In These 30 heißt es:

Aus dem allen ergibt sich die Folgerung, dass ein Christenmensch nicht in sich selbst lebt, sondern in Christus und seinem Nächsten. In Christus durch den Glauben, im Nächsten durch die Liebe.[71]

Nehmen wir einmal an, es wäre realisierbar, dass ein Christenmensch nicht in sich selbst, sondern sowohl in Christus als auch in seinem Nächsten lebt. Wie ist es jedoch vorstellbar, ‚im Nächsten durch die Liebe' zu leben? Luthers Liebe ist rein gemeint, ohne falsch, ohne Eigennutz oder Hintergedanken gemeint. Als dienstbarer Knecht kann man nichts, darf man nichts für sich erwarten. Nehmen wir an, dies wäre realisierbar. Was aber ist, wenn der Nächste Erwartungen hat, mit denen wir nicht gerechnet haben, ja denen wir nicht gewachsen sind?

Luther beschreibt den Dienst am Nächsten. Wohl gemerkt: Es handelt sich nicht um eine Zweierbeziehung, an die Luther in seiner Schrift denkt, auch wenn der Dienst am Nächsten „durch die Liebe" geschieht. Wenn nun aber von dem Nächsten oder der Nächsten eine Dauerbeziehung erwartet wird? Ein Dienst auf Dauer? Es ist ja vorstellbar, dass die Probleme eines Nächsten durch Hemmungen, einen Partner zu finden, entstanden sind. Spätestens an dieser Stelle einer solchen Erwartung wird deutlich: Die Annahme, eine beiderseitige Beziehung auf der Grundlage einer reinen Liebesbeziehung, ist eine Illusion. Man muss mit möglichen Erwartungen des Gegenübers rechnen, man muss sie einkalkulieren. Ohne Zweifel ernüchtert dies eine ‚christliche Nächsten-

[70] Ebd. S. 299
[71] Ebd. S. 315

liebe'. Doch halte ich dies für notwendig, damit man nicht falsche Hoffnungen weckt. Denn gemeint ist eigentlich im Sinne Luthers in Bezug auf den Nächsten: Wenn du Hilfe brauchst, kannst du dich an mich wenden. Und wenn dann der lutherische Liebesdienst beendet ist, könnte man ohne Schaden zu hinterlassen, sich verabschieden. Nehmen wir an, ein solcher Hilfsdienst könnte für beide Seiten ohne Probleme beendet werden. Damit ist jedoch noch nicht die Möglichkeit erwogen: Es wenden sich gleichzeitig zwei (oder auch mehrere) an einen lutherischen dienstbaren Geist mit der Bitte um Hilfe. Dann geht es nicht anders, als dass entschieden werden muss, wem als Erstem zu helfen ist und wer erst danach dran kommen kann. Wessen Bedürfnis ist wichtiger, wessen Notlage muss vordringlicher behandelt werden? In einem solchen Fall ist es verständlich, dass die 2 oder 3 gleichzeitig Bedürftigen ihre Situation als besonders bedürftig schildern werden. Dann bleibt es die Aufgabe dessen, der helfen will, zu entscheiden, wem er zuerst helfen soll und wem erst danach. Das setzt aber voraus, dass der lutherische dienstbare Geist ermessen kann, welche Notlage gravierender als die andere ist. Der dienstbare Geist muss somit differenzieren können zwischen verschiedenen Graden von Notlagen. Das erfordert in jedem Fall ein Einfühlungsvermögen, das weder durch die Lektüre biblischer Texte noch durch die der Schriften von Luther und seiner Zeitgenossen erlernt werden kann. Für sie ist das Gefühl zum Nächsten, die Liebe zum Nächsten, rein und ohne falsch (1. Kor 13). Sie wirkt ohne Hintergedanken, ohne eigene Absichten als die, nur dem Nächsten zu dienen. In der 27. These der gleichen Schrift schreibt Luther:

Sieh, so fließen aus dem Glauben die Liebe und Lust zu Gott, und aus der Liebe ein freies, bereitwilliges, fröhliches Leben, um dem Nächsten umsonst zu dienen.[72]

---

[72] S. 311

Dieses freie, bereitwillige Leben, das aus der Liebe fließt, klingt ganz christlich. Doch es ist eine Illusion. Zu den bereits genannten emotionalen Problemen kommen weitere hinzu. In einer Kommunikation (wenn jemand als dienstbarer Geist beansprucht und aktiv wird), wird immer auch gemessen, welche Stellung die Beteiligten in dem Beziehungsgeflecht: helfen und geholfen kriegen, zueinander haben. Dieses Messen des Kräfteverhältnisses geschieht mit Worten und/ oder per Körpersprache (= verbal und nonverbal). Aber es geschieht immer.[73] Es ist in einer Hilfssituation nicht gleich zu spüren, da diejenigen, die die Hilfe möchten, von vornherein die Unterlegenen sind. Das ist vergleichbar der Situation von Patientinnen und Patienten, die ärztliche Hilfe beanspruchen.[74] Wer seine Beziehung zu seinem Arzt reflektiert, wird dieses Kräfteverhältnis spüren. Als Patient will man etwas von seinem Arzt. Das bedingt das Ungleichverhältnis. Das lässt sich übertragen auf ein Verhältnis, das ein lutherischer dienstbarer Geist eingeht zu einem, der sich Hilfe von ihm erhofft und verspricht.

Mit dieser Problematisierung der Liebe zum Nächsten ist es jedoch noch nicht genug. In jenen frühen Jahren hat Luther sich in seiner Schrift: **Sermon über die Buße,** über die menschliche, sozusagen vorchristliche

---

[73] Vgl. dazu Paul Watzlawick u.a. Menschliche Kommunikation, Bern u.a. 1974, 4. Aufl., S. 53-56

[74] Ich habe in Vom Zorne Gottes darauf aufmerksam gemacht, dass der Apostel Paulus, dem wir das hohe Lied der Liebe im Ersten Brief an die Korinther verdanken, im Zweiten Korintherbrief sich darüber beklagt, dass seine Liebe zur Gemeinde in Korinth nicht erwidert wird. Nach seinem Verständnis der Liebe Christi wäre eine solche Klage ausgeschlossen. Nach heutigem Verständnis ist sie nachvollziehbar. Der Apostel erwartete seitens der korinthischen Gemeinde eine Gegenleistung für seine Arbeit als Ausdruck dafür, welche Bedeutung er bei Ihnen hat und welchen Rang er einnimmt. Um ein wirkungsvoller dienstbarer Geist zu sein, ist es erforderlich, das eigene Interesse und die eigenen Gefühle bei seinen Kontakten zu denen, denen man helfen will, zu kennen, S. 95f.

Liebe geäußert. Da richtete er sein Augenmerk auf den Zusammenhang von Begierde und Liebe, d.h. auf die Selbstliebe.[75]

Weil aber diese Selbstliebe einer christlichen Nächstenliebe, im Wege steht, muss ein Selbsthass gegen diese Selbstliebe entwickelt werden. Er schreibt:

Der Ertrag all dessen, was ich bisher gesagt habe, ist: Es ist unmöglich, dass du etwas mit wahrem und vollkommenen Hass hasst, dessen Gegenteil du nicht zuvor geliebt hast. Die Liebe ist dem Hass immer voraus, und der Hass fließt von Natur aus und von selbst aus der Liebe und so entsteht der Eifer, der erzürnte Liebe ist, das heißt, der Hass auf das Böse um des Guten willen. So kommt der Hass auf die Sünde und der Abscheu vor dem vergangenen Leben von selbst, ohne dass sie durch irgend welche Sorge oder Anstrengung gesucht werden müssten.[76]

Luther nimmt introspektiv und spontan (s)eine Selbstliebe wahr. Das klingt zunächst sehr modern. Doch für Luther beginnt mit der Eigenliebe die Begierde, die concupiscentia. Sie muss gehasst werden um des Guten willen: um der Erlösung, der Rechtfertigung willen. Denn: Auch wenn der Mensch getauft wurde und Christ geworden ist, so fühlt er sich weiterhin zu seinem früheren Leben, zu seiner Eigenliebe hingezogen.

Man kann also nicht gelassen auf seine körperlichen Reaktionen achten. Sie, die Begierden, signalisieren deutlich das Sündersein. Dazu führt Luther in der **Resolution zur ersten These des Ablasses** aus, dass der Mensch sich besinnt und seine Sünde hasst. Dieser Selbsthass soll das ganze Leben hindurch sich vollziehen nach dem Wort:

---

[75] Martin Luther: Sermo de Poenitentia/ Sermon über die Buße, 1518, in: Martin Luther: Lateinisch-deutsche Studienausgabe, Band 2, hg. und eingel. von Johannes Schilling, Leipzig 2006, S. 35-51

[76] Ebd. S.41

Wer sein Leben in dieser Welt haßt, bewahrt es zum ewigen Leben (Mt 10,39).[77]

Einen solchen, ein Leben lang zu praktizierenden Selbsthass als Teil reformatorischer Verkündigung zu wiederholen und weiterzugeben, halte ich für nicht realisierbar. Selbst wenn man das Sein als „Sünder und Gerechtfertigter zugleich" hinzuzieht oder das „sündige fröhlich drauf los" – man kann innerlich nicht zur Ruhe kommen, da die Begierde, das Begehren einem keine Ruhe lassen kann. Dazu fordert Luther eine Haltung, die begierig ist auf Strafen Gottes:

Die wahrhafte Reue sucht und liebt die Strafen; die Fülle der Ablässe aber lehrt sie zu hassen oder legt das zum mindesten nahe.

So lautet die These XL der Ablassthesen. Und Luther erläutert sie in den Resolutionen:

Das Evangelium lehrt, die Strafen nicht zu fliehen und zu erleichtern, sondern zu suchen und zu lieben, denn es lehrt uns den Geist der Freiheit und der Furcht Gottes, der imstande ist, alle Strafen für nichts zu achten.

Der Christ/ die Christin müssten bekennende Masochisten sein, wollten sie Luther folgen: Strafen, d.h. Schmerzen zu suchen und zu lieben.[78]

Die Leserschaft möge sich prüfen, ob sie eine solche Haltung für angemessen und für übernehmbar hält.

---

[77] Martin Luther, Die Hauptschriften, Berlin 1951, S. 1

[78] Eine Variation zu Luthers zitierter These XL findet sich in Dietrich Bonhoeffers vertontem und häufig gesungenem Gedicht: Von guten Mächten, im 3. Vers: *Und reichst du uns den schweren Kelch, den bittern des Leids gefüllt bis an den hohen Rand, so nehmen wir ihn dankbar ohne zittern aus deiner guten und geliebten Hand.* Ich weigere mich beim Singen in das „Wir" mich einzufügen. Wer weiß denn, wenn es so weit ist, dass er nicht zittern wird und obendrein dankbar für alle Schmerzen und jede Qual sein kann?

Bemerkenswerterweise hat Luther im **Sermon über die Buße** eine andere Auffassung vertreten. Man solle sich selbst prüfen und wird dabei feststellen, dass man weder büßen will noch büßen kann, weil man sein bisheriges Leben liebt:

An diesem Punkt wirst du finden (wenn du nicht lügen willst), dass du nicht so bist, sondern viel lieber wolltest, dass dein früheres Leben erlaubt sei; denn du fühltest dich noch vollständig zu deinem früheren Leben hingezogen. (…) *Und wenn du wahrhaft und freimütig beichten wolltest – ohne Rücksicht auf Gott, Gebot, Strafe, Freude – so weiß ich: Wenn kein Gott wäre, keine Hölle, so würde ich gewiss schwerlich Buße tun.* (…) *Sprich ohne Verstellung: Siehe allmächtiger Gott, du befiehlst mir Buße zu tun, aber ich bin nun einmal so, ich Elender, denn ich merke, dass ich es weder will noch kann. Deshalb werfe ich mich dir zu Füßen und bitte um deine Barmherzigkeit und Gnade, mach den zum Büßer, dem du befiehlst zu büßen,* (...) *Dieses Gebet, sage ich, und die Anerkenntnis und das Eingeständnis deiner Unbußfertigkeit, wird, wenn sie nicht geschwindelt war, von selbst bewirken, dass Gott dich als einen wahren Büßer ansieht; und obwohl du immer noch stark verspürst, dass du zum Bösen geneigt bist, fürchte dich dennoch nicht. Dieses Bekenntnis und Gebet wird bewirken, dass Christus dir von dem Seinen hinzugibt, was dir an dem Deinen fehlt.*[79]

Die Aussage: Wenn kein Gott wäre, keine Hölle, so würde ich gewiss schwerlich Buße tun, ist eine Äußerung Luthers, die man wenigstens noch einmal und in Zeitlupe lesen sollte. Sie besagt nach meinem Verständnis, dass das Loskommen von der Knechtschaft der Sünde, was ja sonst als erstrebenswerte Befreiung des Menschen von seinem alten Leben beschrieben wird, eigentlich nur aus Angst geschieht, Angst vor Gottes Strafe und vor Höllenpein. Die Formel Luthers bei der Erklärung

[79] Luther, Sermon von der Buße, S. 43

der Gebote: *Wir sollen Gott fürchten und lieben, dass …* ist bekannt. Aber es so klar, introspektiv und offen zu lesen, ist überraschend. Die Angst vor Gott bleibt festzuhalten. Sie ist ein Ausdruck von Unfreiheit. Luther fordert uns in jedem Fall auf, introspektiv aktiv zu werden. Das Betrachten seines Inneren belehrt den Menschen, so Luther, dass er weder büßen will noch büßen kann. Und er darf introspektiv aktiv werden, ohne Scham, ohne Hemmung und ohne Grenzen.

Mein Vorschlag an dieser Stelle ist, die Introspektion fortzuführen. Welche inneren Kräfte sind für den Nächsten wirkungsvoller: die Selbstliebe oder der Selbsthass? Sind beide gleich wirkungsvoll – oder wirkungslos? Beiden fehlt, kann man einwenden, die wahre Liebe, die Liebe Gottes, die ohne Falsch ist. Wenn man die letztgenannte Liebe erst einmal beiseite lässt, so hat, mit Luther gesprochen, die Selbstliebe den Vorrang. Mit ihr beginnt der Mensch zu leben. Mit ihr entwickelt er sich, mit ihr wird er groß. Mit ihr fängt er an, Kontakt zu seiner Umwelt aufzunehmen. Mit ihr beginnt er an der Kommunikation seiner Welt teilzunehmen. Mit ihr gestaltet er seine Beziehungen zu anderen Personen: seinen Eltern und anderen Verwandten. Mit Selbsthass wäre das sich entwickelnde Kind nicht in der Lage, interessierten Kontakt aufzunehmen. Die Selbstliebe unterstützt ihn, einen eigenen Willen zu entwickeln. Die Selbstliebe lässt nicht nur den Kontakt zu anderen aufzunehmen lernen, sondern auch die Liebe zu anderen Menschen. Auf die Liebe aus heutiger psychologischer Sicht gehe ich unten ein.

9. Neid aus Sicht eines Theologen

Der Neid gehört zu den 7 Todsünden des Menschen. Man kann sich dabei mit Recht auf Paulus berufen. In seinem Brief an die Galater schreibt er:

Offenkundig sind aber die Werke des Fleisches, als da sind: Unzucht, Unreinheit, Ausschweifung, Götzendienst, Zauberei, Feindschaft, Hader, Eifersucht, Zorn, Zank, Zwietracht, Spaltungen, Neid, Saufen, Fressen und dergleichen. Davon habe ich vorausgesagt und sage es noch einmal voraus: Die solches tun, werden das Reich Gottes nicht erben. (Gal 5, 19-21)

Das Fleisch, als Teil der Welt und unter der Herrschaft des Satans, bewirkt solche Dinge, die Paulus aufzählt. Davon sollen sich die, die ins Reich Gottes gelangen wollen, fernhalten. Selbst wenn eine solche Aufzählung von Sünden als ‚Lasterkatalog' bestimmt wird, also als eine Aufzählung von Sünden, die aus gegebenem Anlass gleichsam ‚abgespult' und von daher gewissermaßen abgeschwächt wird, der Neid gilt als eine Todsünde in der katholischen Theologie. Wenn die evangelische Theologie diese Todsünden nicht mehr als solche klassifiziert – der Neid gilt als Sünde. Umso begrüßenswerter ist es, dass seitens der Theologie der Neid betrachtet wird, ohne ihm gleich seinen Stempel der Sünde aufzudrücken.

In einem Aufsatz zum Thema Neid untersucht Notger Slenczka dieses menschliche Gefühl phänomenologisch.[80] Und es ist mir nachvollziehbar, was sein Verfasser dabei herausstellt: *Der Neid ist bezogen auf etwas, was sich von dem Neider unterscheidet. Dabei ist der Neid verbunden mit dem Sehen. Doch: Der direkte Blick auf den Anderen wird*

[80] Notger Slenczka: Neid/ Vom theologischen Ertrag einer Phänomenologie negativer Selbstverhältnisse, in: Theologie der Gefühle, hg. von Roderich Barth und Christoph Zarnow, Berlin 2015, S. 157-189

entweder verdeckt oder vermieden (…) der Neid ist, so zeigt der neidische Blick, wesentlich eine Emotion, die sich zu verbergen sucht. Der Neid führt ein Moment der Unwahrheit mit sich. ‚Neid' ist ursprünglich ein Begriff, der eine mit Eifer in die Tat umgesetzte negative Einstellung gegenüber einem anderen kennzeichnet, darin dem Haß verwandt und mit diesem Wort häufig gemeinsam verwendet.[81]

Neid besitzt einen äußerst geringen Stellenwert in unseren alltäglichen Beziehungen. „Du bist doch bloß neidisch" oder „Sei doch nicht neidisch" disqualifiziert mich, wenn meine vorausgegangene Bemerkung eine solche Erwiderung erfährt. Ausrufe wie: „Ich könnte dich beneiden" werden geäußert, wenn man eigentlich noch gar kein massives Neidgefühl spürt. Wenn man es spürt, so ist man nicht in der Lage, es so locker anzusprechen.

Der Neid, schreibt N. Slenczka, wird *begleitet von einem positiven Wunsch, der dem Haß nicht eignet. ‚Haß' kann sich in der Negation des Gehassten erschöpfen; der Neid will etwas für sich selbst. Wir sind nie nur auf jemanden, sondern immer zugleich ‚auf etwas' neidisch*[82]. Da man sich des Neides schämt, versucht man ihn zu verbergen. Da er wiederum mehr ist als eine vorübergehende Gestimmtheit, hat der Neid die Tendenz zum Charakterzug. Der Neid richtet sich auf Objekte, die ‚beneidens-wert' sind, es wert sind, beneidet zu werden.[83] Und N. Slenczka stellt heraus: *Das folgende Moment ist nicht nebensächlich, sondern wesentlich: das Neidverhältnis zum anderen ist begleitet von dem Subtext, daß dasjenige, was der andere hat, eigentlich dem Neidischen zusteht. Ohne das begleitende Gefühl, ein Recht auf den Besitz, die Eigenschaften, die Bewunderung des anderen zu haben, gibt es keinen Neid.*[84]

[81] Ebd. S. 166
[82] Ebd. S. 167
[83] Ebd. S. 169
[84] Ebd. S. 174

N. Slenczka fügt hinzu: *Neid impliziert den Wunsch, in derselben Weise wie der andere Gegenstand der (eigenen) Anerkennung und Bewunderung zu sein.- Neid impliziert in diesem Sinne den Wunsch der andere zu sein, freilich nicht so, daß man selbst ein anderer zu werden wünscht, sondern der Neider wünscht, das er selbst als er selbst Inhaber der Güter und damit Gegenstand der Anerkennung ist, die jetzt den Gütern am anderen haftet.*[85]

Ich habe N. Slenczka ausführlich zitiert, weil ich seiner Beschreibung des Neides ohne weiteres zustimmen kann. Worin ich N. Slenczka nicht zustimmen kann, ist sein Urteil, dass der Gott Israels im Unterschied zu den Göttern eines Pantheons in der altisraelitischen Nachbarschaft keinen Neid kannte. Er schreibt:

Während das Pantheon des Polytheismus von untereinander und insbesondere von auf einzelne oder alle Menschen neidische Götter zu berichten weiß, kennen die monotheistischen Religionen zwar den Eifer Gottes und so etwas wie die Eifersucht des einen Gottes, der seinen Anhängern die Verehrung jedes anderen wirklichen oder vermeintlichen Gottes verbietet. Aber den Neid dieses Gottes, der sich mit der für den Neid typischen Verschränkung von Reflexivität und Intentionalität am Lebensglück eines Menschen festmachte, kennt jedenfalls die jüdisch-christliche Tradition so wenig wie die philosophische Tradition der Rede von Gott, die diese Züge als des Weltgrundes unwürdig betrachtet. [86] Dieser Ansicht kann ich nicht zustimmen.

---

[85] Ebd. S. 177

[86] Ebd. S. 185

10. Gottes Neid auf seine Paargenossin Aschera

Lassen wir die Frage, ob Gott auf einen Menschen und dessen Lebensglück neidisch war, beiseite. Viel wichtiger für die Entwicklung der israelitischen Religion war der Neid Gottes auf seine Paargenossin. Archäologische, epigraphische und ikonographische Funde belegen, dass Gott nicht allein in Israel verehrt wurde. Zeugnisse dazu sind bekannt.[87] Und es gibt ausreichend publizierte Hinweise dazu, dass die Situation in Israel vor dem Exil polytheistisch geprägt war. Wer mag, kann das, was jetzt folgt, als von Gottes Jahwe-Propheten veranlasst und durchgeführt ansehen. Gott hatte jedenfalls den Nutzen und Erfolg davon, dass seine Paargenossin Aschera beseitigt, ihre Kultgegenstände vernichtet und ihre Anhängerinnen ausgeschaltet wurden.

Und in derselben Nacht sprach der Herr zu ihm (erg. Gideon, DK): Nimm einen jungen Stier von den Stieren deines Vaters und einen zweiten Stier, der siebenjährig ist, und reiße nieder den Altar des Baal, der deinem Vater gehört, und haue um das Ascherabild, das dabeisteht, und baue dem Herrn, deinem Gott, oben auf der Höhe dieses Felsens einen Altar nach der vorgesehenen Ordnung und nimm den zweiten Stier und bringe ein Brandopfer dar mit dem Holz des Ascherabildes, das du umgehauen hast. (Richter 6, 25-26)

Gott genießt seitdem das Ansehen, Israels einziger Gott zu sein. Solange man davon ausgehen konnte, dass Israel nach seiner Landnahme in Pa-

---

[87] *Einige Beispiele mögen verdeutlichen, welche Phänomene bei der Rekonstruktion der Religionsgeschichte Israels und des Judentums berücksichtigt werden müssen. (...) So begegnet er* (erg. Jahwe, DK) *um 800 v. Chr zusammen mit seiner Aschera auf Inschriften im Süden des Negev. (...) Den Segen erteilt sowohl Jahwe von Teman als auch Jahwe von Samaria, ein jeder in trauter Zweisamkeit mit seiner Aschera bzw. mit Ascherata. Die Göttin lässt sich hier nicht mit einer numinosen Wirkmacht umfunktionieren. (...) Schließlich begegnet Jahwe in Inschriftenfragmenten von Kutillet Agrud segnend neben Baal, vielleicht auch El,* so Hermann Spieckermann: Das neue Bild der Religionsgeschichte Israels, ZThK 105, 2008, S. 259-280, S. 264-265.

lästina/ Kanaan sich mit den Ansässigen vermischt und ihre Kulte gegen Gottes Befehl übernommen hatte, wurden solche Stellen wie die zitierte so gelesen und wörtlich verstanden.[88] Um den ursprünglich reinen Jahwe-Kult wieder herzustellen, mussten die fremden Kulte zerstört werden. Inzwischen gibt es genügend Belege, die zeigen, dass die Situation gänzlich anders war – s. Anm. 87, 88 und 89! Die Göttin Aschera, keineswegs nur symbolisch durch einen Holzpfahl dargestellt, war eine sehr beliebte und auch für die Fruchtbarkeit und den Erhalt von Familie und Volk höchst notwendige Göttin. Nimmt man zur Kenntnis, dass diese nackte Göttin und ihr Kult weitverbreitet waren, so legt es sich nahe, dass der Gott Israels in hohem Maße neidisch auf seine Paargenossin war.[89]

Die biblischen Schriften seien von der *konkurrenzlosen Überlegenheit Gottes getragen, dass Neid als Haltung Gottes schlechterdings nicht in Frage kommt,* so N. Slenzcka.[90] Wenn man sich nur an biblische Aussagen wie Ri 6,25-26 hält, kann man das so behaupten. Da spricht ein sich überlegen fühlender Gott zu Gideon, der dann treu seinem Gott dessen Befehle ausführt. Werden jedoch Zeugnisse aus der Frühzeit Israels mit einbezogen, lässt sich eine solche Aussage nicht aufrechterhalten. Selbst

---

[88] *Noch vor wenigen Jahren sprach man davon, dass Israel dem kanaanäischen Mythos ‚begegnet' sei, statt anzuerkennen, was aus den Psalmen unabweisbar hervorgeht: dass eben dieser Mythos der Nährboden war, aus dem die israelitische Religion erwuchs. Es ist gar nicht zu bestreiten, dass der israelitische Wettergott Jahwe den Götterkampf gekannt hat und dass er, nicht anders als der ugaritische Baal, im Wechsel der Jahreszeiten Niederlage und Tod ebenso wie seine regelmäßige Auferstehung und Thronbesteigung erlebte,* so Christoph Levin: Das Alte Testament und die Predigt des Evangeliums, KuD 57, 2012, S. 41-55, S.49. Dazu ausführlich mit kommentiertem Bildmaterial: Othmar Keel - Christoph Uehlinger: Göttinnen, Götter und Gottessymbole, Freiburg/ Basel/ Wien 1992.

[89] *In Juda findet der Gestus des Brüste Präsentierens im 8./ 7. Jh. v. Chr. neuen Ausdruck in Hunderten von sog. Säulenfigürchen (...) Die Himmelköniginnen gehören zu einer breiten Astralisierungswelle des gesamten religiösen Symbolsystems im 8./ 7. Jh. v. Chr.,* so Othmar Keel/ Silvia Schroer, Eva - Mutter alles Lebendigen, 2004, S.43.

[90] A.a.O. S. 185

wenn nicht ausdrücklich vom Neid Gottes auf seine Aschera die Rede ist, man muss diese altisraelitischen Zeugnisse korrelieren mit jenen Aussagen, die andere Götter als Götzen, als Fremdkörper, als Auszurottendes beschreiben. Dabei gilt die Frage: Welche Affekte wurden zu solchen Taten wirksam? Was, wenn nicht der Neid? Der folgende Text, der Befehle des Königs Josia von Juda wiedergibt, lässt sich nicht losgelöst von seinem Gott Jahwe lesen. Dessen Worte waren in einem Buch des Bundes aufgezeichnet, das zuvor aufgefunden worden war (2. Kön 22,8-10). Die Prophetin Hulda spricht im Auftrag Jahwes, dass *diese Stätte und ihre Einwohner zum Fluch* werden sollen. Solche Worte und die nachfolgenden Handlungen drücken keine Haltung einer konkurrenzlosen Überlegenheit Gottes aus. Man sollte über das Zitat 2. Kön 23,4-7 hinaus bis V. 24 weiterlesen. Besonders sollte der Vers 13, in dem weitere, in Israel und Juda verehrte Götter genannt werden, Aufmerksamkeit bekommen. Diese Verehrung ging zwangsläufig auf den über, der nach der Zerstörung ihrer Stätten allein übrig blieb. Das gibt die Feststellung N. Slenczkas wieder: *Neid impliziert den Wunsch, in derselben Weise wie der andere Gegenstand der (eigenen) Anerkennung und Bewunderung zu sein.*

Und der König gebot dem Hohenpriester Hilkija und den zweithohen Priestern und den Hütern der Schwelle, dass sie aus dem Tempel des Herrn hinaustun sollten alle Geräte, die dem Baal und der Aschera und allem Heer des Himmels gemacht waren. Und er ließ sie verbrennen draußen vor Jerusalem im Tal Kidron und ihre Asche nach Bethel bringen. Und er setzte die Götzenpriester ab, die die Könige von Juda eingesetzt hatten, um auf den Höhen zu opfern in den Städten Judas und um Jerusalem her; auch die dem Baal geräuchert hatten, der Sonne und dem Mond und den Planeten und allem Heer am Himmel. Und er brachte die Aschera aus dem Hause des Herrn hinaus vor Jerusalem an den Bach Kidron, zermalmte sie zu Staub und verbrannte sie zu Staub und warf ihren Staub auf die Gräber des einfachen Volks. Und er brach ab die Häuser der Tempelhurer, die an dem Hause des Herrn waren, in denen die Frauen Gewänder für die Aschera wirkten. (2. Kön 23, 4-7)[91]

Welche Rolle der Gott Baal gespielt hatte, braucht jetzt nicht zu interessieren. Es geht um Jahwes Aschera und ihre Bedeutung für Alt-Israel. Sie hatte ihren rechtmäßigen Platz im Jerusalemer Tempel. Das ist das Entscheidende.

Gott war nicht nur eifersüchtig und neidisch auf seine Mit-Göttin, sondern auch demütigend, wie es bei Hosea zu lesen ist.

Ich will ihre Weinstöcke und Feigenbäume verwüsten, von denen sie sagte: „Das ist mein Lohn, den mir meine Liebhaber gegeben haben". Ich will eine Wildnis aus ihnen machen, dass die Tiere des Feldes sie fressen. Ich will an ihr heimsuchen die Tage der Baale, an denen sie Räucheropfer darbrachte und sich mit Stirnreifen und Halsbändern schmückte und ihren Liebhabern nachlief, mich aber vergaß, spricht der Herr. (Hos 2,14-15) [92]

Solange man Hosea und der innerbiblischen Darstellung die Deutungshoheit überließ (und noch überlässt), nach der Israel einen alten Bund mit seinem Gott brach, mag man ein gewisses Verständnis dafür aufbringen, dass ein göttlicher Ehemann seine untreue Frau so behandelt, wie beschrieben. Werden außerbiblische Funde in die Interpretation einbezogen, wendet sich das Verständnis. Dann weiß man, dass eine

---

[91] Dazu Christian Frevel: Aschera und der Ausschließlichkeitsanspruch YHWHs/ Beiträge zu literarischen, religionsgeschichtlichen und ikonopraphischen Aspekten der Ascheradiskussion, Band I, 1995, Bonner biblische Beiträge Band 94/1, C. Die Ascherabelege im Reformbericht (2Kön 23,4-20), S. 545-551

[92] *JHWH erscheint in den Rollen eines gewalttätigen Ehemannes bzw. eines vergewaltigenden Soldaten,* so Gerlinde Baumann: Die Metapher der Ehe für das Verhältnis JHWH – Israel in den alttestamentlichen Prophetenbüchern – (nicht nur) feministisch-kritisch betrachtet, in: Manfred Oeming (Hg.): Theologie des Alten Testaments aus der Perspektive von Frauen, Münster u.a. 2003, S. 173-77, S.177.

Fruchtbarkeitsgöttin und nicht Jahwe zuständig war für das Leben. Aber selbst wenn diese Funde nicht berücksichtigt werden, sollte sich jeder prüfen, ob diese bei Hosea nachzulesenden Handlungen akzeptabel sind.

Nun aber decke ich ihre Scham auf vor den Augen ihrer Liebhaber, und niemand wird sie aus meiner Hand erretten. Ich will ein Ende machen mit allen ihren Freuden, Festen, Neumonden, Sabbaten und mit all ihren Feiertagen. (Hos 2, 12-13)

Mit Scham sind tatsächlich die weiblichen Schamteile gemeint.[93] Angedroht wurde das Nacktausziehen in Hos 2,5, jetzt soll es aber vollzogen werden.

N. Slenczka hat in einem weiteren Aufsatz zum Gefühl der Scham ausführlich Stellung bezogen und beschreibt die Schamsituation folgendermaßen:

Das Erlebnis der Scham ist dadurch ausgezeichnet, dass wir erröten, und zwar in ganz bestimmter Weise: im Gesicht, am Hals, und im oberen Brustbereich, das heißt: an Stellen unseres Körpers, die unserem Blick verborgen, dem Blick anderer aber ausgesetzt sind. Und wer sich beschämende Situationen in Erinnerung ruft, wird dessen ansichtig, dass diese Erfahrungen so strukturiert sind, dass wir uns von anderen gesehen wissen – Scham verursacht beispielsweise den Einbruch eines anderen in unsere Intimsphäre.[94]

Das ist als zurückzuweisender Eingriff zu beurteilen. N. Slenczka schreibt:

---

[93]Wilhelm Rudoph: Hosea, Kommentar zum Alten Testament, Gütersloh 1966, Berlin 1971, S. 70 zu „Scham": es *empfiehlt sich eher die Übersetzung ‚Torheit',* statt Scham.

[94] Notger Slenczka: „Sich schämen"/ Zum Sinn und theologischen Ertrag einer Phänomenologie negativer emotionaler Selbstverhältnisse, in: Cornelia Richter/ Bernhard Dressler/ Jörg Lauster (Hg.) Dogmatik im Diskurs/ Mit Dietrich Korsch im Gespräch, Leipzig 2014, S. 240-261, S. 250

Da die Scham mit der Realität des Gesehenwerdens verbunden ist, drückt dieser fremde Blick Missbilligung aus. Diese fremde Missbilligung durchbricht die Übereinstimmung mit sich selbst, das Gefühl einer Identität.

Als Mann kann man über das Gefühl einer Frau, der angedroht wird, sie vor den Augen ihres Liebsten nackt auszuziehen, kaum etwas Zutreffendes sagen. Männliche Kommentatoren wie Wilhelm Rudolph stellen sich auf die Seite Jahwes und nicht auf die Seite der gedemütigten Frau, wobei man sagen muss, dass W. Rudolph die in Anm. 87, 88 und 89 genannten Quellen noch nicht kannte. Aber wie reagieren Frauen, wenn sie diese Texte lesen?[95]

Mit den Zeichen ihrer Ehebrecherei zwischen ihren Brüsten: Hos 2,4, könnten jene Amulette gemeint sein, die die nackte Göttin darstellen und die vielfach wie die nackte, ihre Brüste präsentierende Göttin im alten Israel und in Juda gefunden wurden.

11. Neid aus psychologischer Sicht

Psychologische Betrachtungen des menschlichen Neid-Gefühls kommen ohne Bewertungen und ohne Einschränkungen aus. So stellt Olaf Lippke heraus, dass der Neid ein angeborenes Gefühl ist. Ausgelöst wird es durch einen Vergleich. Und wiewohl sich der Neider und der Beneidete auf der Vergleichsebene ähnlich sind, sind ihre Beziehungen ungleich. Dieses ungleiche Verhältnis versucht der Neider zu egalisieren. Seine Methoden, um zu einem Ausgleich zu kommen, können recht unter-

[95] W. Rudolph ebd. S. 64-72

schiedlich sein. Sie können bis zur *Entwertung und Zerstörung des begehrten Gutes bzw. dessen Besitzers reichen.*[96]

O. Lippke kann sein Thema mit Interesse, Empathie und gleichzeitiger Distanz betrachten und bearbeiten. So kann er auch den Neid und seine Folgen als ein Konkurrieren beschreiben: *Indem ein Neider begehrt, konkurriert er mit dem Beneideten um ein knappes Gut, gleichgültig, ob es sich um einen Gegenstand, eine Eigenschaft wie Talent oder einen mentalen Zustand wie Glück handelt. Folglich bedeutet jemanden etwas zu beneiden, mit ihm zu rivalisieren oder anders ausgedrückt, der Beneidete ist dem Neider ein Rivale.*[97] Das theologische Urteil N. Slenczkas lautet in diesem Zusammenhang „ohnmächtige Hybris" des Menschen, wenn er Gott beneidet. Dann ist es nicht möglich, introspektiv sein Gottähnlichkeitsgefühl als ein akzeptables wahrzunehmen. Denn wenn die Hybris, der Übermut, der Frevel mein Handeln bestimmt, bewege ich mich wieder im Bereich der Sünde.

Meiner Ansicht nach ist das Gefühl Neid weder negativ noch positiv zu bewerten. Dennoch ist der Neid eine menschliche Eigenschaft, die meinen Respekt verdient, weil ich hinter ihr eine raffinierte sozialbiologische Strategie vermute. Ihre Raffinesse begründet sich zwar im weitesten Sinne aus den natürlichen Anlagen, ohne aber ein dem menschlichen Gehirn vergleichbares Werkzeug wäre sie nicht vorstellbar. Meiner Argumentation (…) dienen zwei wesentlichen Aspekte: zum einen die empfundene Hemmung des Neiders, die bisher immer als eine Bestätigung seiner unlauteren Absichten gedeutet wurde. Und zum anderen die Fähigkeit, sein Verlangen hinter einer ausdruckslosen Fassade zu verbergen. Für einen Beneideten ist es nur allzu verständlich, die verborgenen Absichten des Neiders als verschlagen und hinterhältig auszulegen. Studierte allerdings ein Außerirdischer die Spielarten zwi-

[96] Olaf Lippke: Anatomie des Neides, Diss. HU Berlin, 2006, S. 11.
[97] Ebd. S. 148

schenmenschlicher Rivalität und ihre Ausdrucksformen, könnte er zu einem anderen Urteil gelangen und den Neid nicht als unwürdig, sondern als hohe Kunst zwischenmenschlichen Verhaltens einschätzen. Aus seiner Sicht hätte auch das negative Image des Neides einen neuen Sinn. Allem Anschein nach schützt es die Beneideten vor verdeckten Begierden. Gelänge es ihnen den Neid als Generalverdacht zu institutionalisieren, genügte der bloße Vorwurf ein Neider zu sein, um sich wirksam vor ihm zu verteidigen, so Olaf Lippke.[98]

Diese Beschreibung des Neides ist wohltuend. Auf dieser Basis kann man über den eigenen Neid nachdenken und sprechen und, was ebenso wichtig ist: Jemandem beistehen, der von Neid geplagt wird und sich nicht zu helfen weiß, da er meint, der einzige mit diesem Neid-Problem zu sein. Eltern, die mit dem Verständnis: Neid ist Sünde, erzogen wurden, sehen in entsprechendem Verhalten der eigenen Kinder, wenn sie untereinander neidisch sind, den Beweis, dass der Mensch von Jugend auf sündig ist. Dagegen ist es sehr hilfreich zur Kenntnis zu nehmen:

Eifersucht und Neid in Form von kindlichen Geschwisterkonflikten sind nicht-pathologische Anfänge von Eifersucht und Neid. Diese Konflikte sind die ersten komplexeren Beziehungskonflikte, in denen der Konflikt nicht nur das Individuum und seine Wünsche bezüglich seiner selbst, sondern auch seine Beziehungen und seine Position in seiner Umgebung betrifft. Das Austragen von Eifersucht- und Neidkonflikten (...) hat die gegenseitige Abgrenzung unter den Geschwistern zum Ziel. Die Selbstvergewisserung des neidischen oder eifersüchtigen Kindes und das Herstellen einer differenzierten Ordnung nach Alter, Fähigkeiten und Vorlieben gehören auch dazu. (...) Die Liebe (oder eben den Beziehungsraum) der Bezugspersonen mit einem anderen teilen zu müssen, löst schon im vorsprachlichen Alter deutliche Reaktionen aus: Das Kind,

98 Ebd. S. 13

dessen Mutter sich mit einem anderen Kind beschäftigt, macht durch Schreien, Aufsuchen der Mutter o.ä. auf sich aufmerksam .[99]

Hier kommt es darauf an, die Situation des schreienden Kindes adäquat beurteilen zu können. Eine Mutter, die ihre eigenen Neidgefühle als Sünde beurteilt oder verdrängt hat, wird entsprechend auf die Eifersucht und den Neid ihres Kindes reagieren. Damit werden ihre eigenen Gefühlsprobleme der nächsten Generation zur Lösung bzw. Verdrängung weitergereicht.

Das gemeinsame aller Konzepte, schreibt O. Lippke, der zuvor verschiedene Beschreibungen der Emotion Neid betrachtet hatte, *besteht in der Übereinkunft, Neid als Leidenschaft oder Affekt zu beschreiben, dem ein Vergleich voraus geht. Das Gefühl geht Mischverhältnisse mit anderen Emotionen aber auch mit Kognitionen ein. Das heißt, ein Neider kann hassen, verachten, wütend sein oder Schadenfreude empfinden genauso wie er auch nach Rache sinnen oder seine Opfer vorsätzlich täuschen kann. Der Begriff steht für das Begehren, etwas haben zu wollen, das einem anderen gehört und darüber zu leiden, weil man es nicht in seinen Besitz bringen kann,*[100]

Das bedeutet, man kommt auch beim Neid nur weiter, wenn man auch die anderen, ihn mitunter begleitenden Gefühle wie Hass, Verachtung,

---

[99] Tillmann F. Kreutzer, Kathrin Weber (Hg.): Invidia – Eifersucht und Neid in Kultur und Literatur, Gießen 2011, S. 15. Die Autoren weisen auch auf die Prädisposition des Neides zur Sünde im christlichen Sinne hin sowie auf den durch den Neid erfolgten Verstoß gegen ein harmonisches Zusammenleben im Sinne derer, die den Neid nicht als zulässiges menschliches Gefühl akzeptieren, S. 18.

[100] A.a.O. S. 147; O. Lippke bietet auch eine soziale Erklärung zur Entstehung des Neides an: *Indem eine Neider begehrt, konkurriert er mit dem Beneideten um ein knappes Gut, gleichgültig, ob es sich um einen Gegenstand, eine Eigenschaft wie Talent oder einen mentalen Zustand wie Glück handelt. Folglich bedeute jemanden etwas zu beneiden, mit ihm zu rivalisieren oder anders ausgedrückt, der Beneidete ist dem Neider ein Rivale, a.a.O. 148.*

Wut oder Schadenfreude ebenfalls ohne Wertung, ohne sie als Hinweis auf sündiges Verhalten, betrachtet und beschreibt. Dabei sei daran erinnert:

Das schlechte Ansehen, in welchem der Neid steht, ist im Rahmen unserer Kultur in erster Linie dem Christentum geschuldet. (...) *Man erkannte den Neid als Ursprung der Feindseligkeit und des Bösen,* so C. Demmerling/ H. Landweer. [101]

12. Kain, der Neid und die Scham

Es gilt also bei der Thematik Neid, sich auch mit der Sünde und dem Bösen auseinanderzusetzen. Nach der klassischen Sündenfallgeschichte von Adam und Eva in Genesis 3 steht die Geschichte ihrer Kinder Kain und Abel als ein auch unsere Kultur prägendes Beispiel für die Boshaftigkeit des Menschen.

Im Zusammenhang mit dem Umgang sowohl mit dem Neid als auch der Scham bietet Klaas Huizing eine interessante Deutung der Kain-Abel-Geschichte. Die Geschichte Gen 4, 1ff gilt ja als eine typische Erzählung, in der ein Bruder, der eigentlich seines Bruders Hüter sein sollte, diesen aus Neid erschlägt. Das ist Sünde.[102] Der Autor möchte seine Auslegung gleichzeitig als ein Beispiel für eine nachreformatorische Bibelauslegung verstanden wissen.

---

[101] In: dieselben: Philosophie der Gefühle, S.203

[102] *Nicht Kain, der Mensch ist es, der zum Mörder an seinem Bruder wird.* (...) *Es geht um die Bevorzugung, die von Gott ausgeht; sie allein ist es, die den Neid weckt, der zum Mord führt.* (...) *Weil aber diese Ungleichheit im Ansehen Gottes bedingt ist, muß die Menschheit mit ihr leben und muß also auch mit der Möglichkeit des Brudermordes leben,* Claus Westermann: Genesis 1-11, Biblischer Kommentar, 2. Aufl. 1976, S. 412.

Ohne Zweifel ist Kain neidisch auf Abel, den Gott mit dessen Opfer bevorzugt hat. Gott wendet sich in Gen 4,6f zu Kain, nachdem dessen Opfer von Gott nicht angenommen wurde:

Da sprach der Herr zu Kain: Warum ergrimmst du? Und warum senkst du deinen Blick? Ist's nicht also? Wenn du fromm bist, so kannst du frei den Blick erheben. Bist du aber nicht fromm, so lauert die Sünde vor der Tür, und nach dir hat sie Verlangen; du aber herrsche über sie.

Nach K. Huizing ist es das Anliegen Gottes, Kain über diese Situation aus Neid- und Schamgefühlen hinwegzuhelfen. Kain soll sich zu beherrschen lernen, damit er die Situation wieder frei überblicken kann. Kain lasse sich aber nicht belehren, sondern er verschiebt die Scham in Schuld, denn offenbar erträgt er es besser, mit der Schuld zu leben, als der Erfahrung radikaler Passivität weiterhin ausgesetzt zu sein. Der Ursprung der Gewalt liegt in der Verschiebung der Scham in die Schuld, so K. Huizing. Das heißt, die Scham, zurückgesetzt worden zu sein, vermag Kain nicht auszuhalten, sondern er wird gewalttätig gegen Abel. Das Ergebnis ist bekannt. Die Worte Gottes in Gen 4,6f stammen nach K. Huizing aus weisheitlicher Tradition mit Bildungsanspruch. Kain schlage das Bildungsangebot Gottes aus, so K. Huizing. [103]

Ich begrüße es, dass auch das Thema ‚Scham' theologischerseits in den Blickpunkt gerückt wird, ohne dass Scham und Sünde korreliert werden mit Bezug auf Gen 3,7. Die Ursünde, der Sündenfall, öffnete die Augen, und die Betroffenen sahen ihre Nacktheit. „Aus Scham" steht nicht da, nur dass Adam und Eva sich aus Feigenblättern Schurze machten. Der Topos ‚Nacktheit' wird christlich-bürgerlicherseits allgemein mit Scham verbunden.

---

[103] Klaas Huizing: Schluss mit Sünde/ Warum wir eine neue Reformation brauchen, Hamburg 2017, S. 82-85.

Dennoch kann ich dieser Deutung K. Huizings nicht folgen. Ich sehe diese Geschichte ebenso beispielhaft, aber mit anderer Blickrichtung für weiterführendes reformatorisches Verständnis an. Mein Urteil weicht schon von dem K. Huizings ab, der den Blick des Erzählers auf ein Brüderpaar und ihr kompetitives Ringen um Ehre und Anerkennung gerichtet sieht.[104] Der Blick sollte stattdessen auf die Dreiergruppe Gott-Abel-Kain gerichtet werden. Gott zieht willkürlich Abel vor.[105] Einer, der willkürlich bevorzugt, besitzt nicht die Kompetenz zu *coachen* (so K. Huizing), auch wenn er ein Gott ist. Es ist genau dieser eingeschränkte Blick, in diesem Fall Gottes, der die Situation nicht frei überblicken lässt. Die Lösung kann auch nicht sein, dass Neid und Scham zu verdrängen sind. Sie müssen überhaupt als solche wahrgenommen und zugelassen werden, um mit ihnen umgehen zu können. Gott lässt das Gefühl Neid, das er ja verursacht, provoziert hat, nicht zu, sondern warnt vor der lauernden Sünde. Wollte man diese Dreierbeziehung mit ihrem Konflikt zu einem positiven Ende bringen, müsste sich der, der einen Streit verursacht hat: Gott, sich einer Auseinandersetzung mit dem Geschädigten: Kain, stellen. Das macht Gott nicht. Mein Vorschlag, den ich weiter unten näher erläutern werde, möchte aber gerade das nahelegen: Mit Gott auf Augenhöhe zu reden und sich mit ihm auseinanderzusetzen. Das Ziel ist dabei: Eine Haltung und ein Gefühl zu entwickeln, die sich auch mit Übermächtigen auseinanderzusetzen bereit sind. Das setzt jedoch auch ein Gefühl einer Identität voraus, eine Identität, die sich ihrer bewusst ist und Unrecht als Unrecht benennen kann, in diesem Fall: willkürliche Bevorzugung Abels. Doch diese Identität, dieses Identitätsgefühl kommt erst im Laufe der kindlichen Entwicklung zustande.

---

104 Zu dieser Blickrichtung, die Gott zur Lösung in Konflikte einbezieht, s. Dankwart Kirchner: Gruppendynamische Untersuchung zu Struktur und Geschichte der Klage im Alten Testament, ThLZ 114, 1989, 785-796.

105 So auch C. Westermann: *Diese Entscheidung Gottes* (erg. für Abel und gegen Kain, DK) *hat die ‚Verfinsterung' des Kain zur Folge, die zum Mord des Bruders führt,* a.a.O.

An anderer Stelle weist K. Huizing darauf hin, wie wichtig und notwendig die Entwicklung eines Schamgefühls ist:

In der Ur-Situation der Scham fühlt sich das naiv dahinlebende Ich durch die Körperreaktion des Errötens beschämt. Die eigene Unvollkommenheit – nicht Sünde – wird erschlossen. In diesem Erschließungsgeschehen der eigenen Unvollkommenheit wird zugleich die bisherige Selbsteinschätzung als Defizit und damit als latente Selbstüberschätzung gedeutet. Wähnte sich das naive Ich auf einem fertigen Ist-Zustand, so muss es nun aber bemerken, über sich selbst nicht genügend Bescheid gewusst zu haben. Insofern sind Schamsituationen passiv erlittene Entdeckungssituationen.[106]

Man kann keinem Kind eine solche Schamsituation ersparen, das Gefühl und die Erfahrung, dass es noch nicht das kann, was der Erwachsene kann. Entscheidend ist in solchen Situationen, wie der überlegene Erwachsene die Schamsituation des Kindes beurteilt. Weist man den kindlichen Anspruch, etwas zu können, obwohl es deutlich ist, dass es das noch nicht kann, zurück? Hilft man als Erwachsener dem Kind, das Versagen zu überwinden? Dazu kommt noch ein weiteres, von dem Micha Hilgers schreibt:

Scham ist das Gefühl, das unter anderem die Verletzung der Selbst- und Intimgrenze anzeigt und in dieser Funktion einen Bereich des im Wortsinne Unberührbaren hütet. Es gibt keine Psychotherapie und keine Selbstöffnung ohne die Möglichkeit des Rückzugs, des Geheimen und Nichtgesagten. (…) *Die Notwendigkeit der Existenz eines Bereichs prinzipieller Unberührbarkeit ist sowohl in Körpertherapien einerseits als auch bei psychoanalytischen Verfahren andererseits gewährleistet, da durch Theorie und Praxis der betreffenden Methode jeweils ein*

[106] K. Huizing: Scham und Ehre, Gütersloh 2016, S. 60

Schwerpunkt des Interesses gewählt wird, andere Bereiche jedoch im Verborgenen bleiben (dürfen). [107]

Dieser Ansicht stimme ich uneingeschränkt zu. Unter diesem Aspekt gilt es noch einmal, die Zitate aus Hos 2 zu lesen und sich zu fragen, ob dieses Prinzip: Jeder Mensch hat ein Recht auf die Unverletzlichkeit seiner Selbst- und Intimgrenze, ein Gott oder der Gott Israels oder unser Gott übertreten darf. Wenn festgestellt wird, dass eine Intimgrenze von einem anderen übertreten wird, steht man dem Opfer bei? Ergreift man Partei für den Übertreter, wie es der Prophet Hosea getan hat?

13. Christliche Identität als Nichtidentität

Diese von M. Hilger auf eine therapeutische Situation bezogene Beschreibung eines Anspruchs auf eine unverletzbare Schamgrenze, übertrage ich auf die religiöse Situation der Christen. Wird die Schamgrenze gewahrt, wenn in der Verkündigung das Sündersein thematisiert wird? Was bedeutet es, eine christliche Identität zu haben? Wie kommt sie zustande?

Friederike Portenhauser hat unter dem Titel ***Identität als Nichtidentität*** sich dieser Thematik angenommen.[108]

Nach einleitenden Vorbemerkungen stellt F. Portenhauser die Frage: Warum Identität? Und sie beantwortet sie folgendermaßen:

---

[107] Micha Hilgers: Scham/ Gesichter eines Affekts, Göttingen 1996, 1997 2. Aufl., S. 118f

[108] Friederike Portenhauser: Identität als Nichtidentität. Zum Verständnis des Christen nach Paulus, Luther und Bultmann, in: Bultmann und Luther. Lutherrezeption in Exegese und Hermeneutik Rudolf Bultmanns, hg. von Ulrich H.J. Körtner, Christof Landmesser, Mariele Lasogga und Udo Hahn, Hannover 2010, S. 209- 231

‚Identität' ist ein vielschichtiges Wort: Seit den 1970er Jahren ist es zu einem Modeausdruck avanciert, wird jedoch nicht nur in der Alltagssprache, sondern auch im wissenschaftlichen Kontext häufig unpräzise gebraucht. Dass ich es dennoch verwende, liegt in einem seiner spezifischen Bedeutungsaspekte begründet: Formallogisch besagt ‚Identität', dass „etwas mit etwas anderem in allen Aspekten gleich und von anderem unterschieden ist".[109]

Bevor sie sich unter der Überschrift: Zur Identität des Christen nach Gal 2,19f.: Paulus-Luther-Bultmann, einer Entfaltung der Ansichten dieser drei Theologen zuwendet, stellt sie heraus, dass Paulus notwendigerweise eine christliche Identität ausgebildet und entfaltet hat, und dies in den ganz konkreten Situationen jener Gemeinden, an die er seine Briefe gerichtet hat.

Es kann hier auf die Darlegung des Kontextes bei der Abfassung des Galaterbriefes, den F. Portenhauser schildert, verzichtet werden. Mir kommt es auf die Hauptaussage von Gal 2,20 an und wie Luther und Bultmann in Bezug auf Paulus sie verstehen. Gal 2,19 und 20 lauten:

19 Denn ich bin durch das Gesetz für das Gesetz gestorben, damit ich für Gott lebe. Ich bin mit Christus gekreuzigt; 20 es lebe aber nicht mehr ich, sondern Christus lebt in mir. Was ich aber jetzt im Fleisch lebe, lebe ich im Glauben an den Sohn Gottes, der mich liebt und sich für mich dahingegeben hat.

Der Mensch ist, resümiert F. Portenhauser, *für Paulus immer extern bestimmt: entweder durch das Gesetz (Gal 2,19) und die Sünde (Röm 7,7ff) und damit durch den Tod (Röm 6,23) oder durch Gott und Christus (Gal 2,19f) und damit durch das Leben (Röm 6,23).*[110] Gleiche An-

[109] Ebd. S. 209f unter Bezugnahme auf ein Zitat von Lutz Niethammer.
[110] Ebd. S. 218

sicht findet sie in Luthers Galaterkommentaren vertreten, so dass sie formulieren kann: *Mit reicher Sprache bringt Luther das Verhältnis zwischen Christus und Ich als Gegenüber, als Einheit und als Verbundenheit zum Ausdruck.* Somit sei auch nach Luther der christliche Mensch extern, von außen bestimmt.[111]

Dem kann ich mich ohne weiteres anschließen.

Ebenso verstehe Bultmann eine christliche Identität als von außen bestimmt, auch wenn er statt von ‚Identität' stets von ‚Selbstverständnis' spricht. Er stelle dabei die schon von Paulus und Luther thematisierte christliche Freiheit in besonderer Weise heraus. Dazu F. Portenhauser: *So bestimmt auch Rudolf Bultmann in seiner Paulusauslegung Freiheit als den Kern der neuen christlichen Identität.* (…) *Wirkliche Freiheit sei demnach zu verstehen als Freiheit des Menschen von seiner Vergangenheit und als Offenheit für die Zukunft Gottes. Freiheit von der Vergangenheit bedeute aber gerade die Freiheit des Menschen von sich selbst, da er von der Vergangenheit geprägt sei.*[112] F. Portenhauser stellt für R. Bultmann fest: *Wesentlich für Bultmanns Verständnis christlicher Existenz ist also das Moment der Externität: Der Mensch lebt immer von anderem her.*[113]

F. Portenhauser fasst ihre Untersuchung zusammen: *Der Mensch ist also immer von außen bestimmt* (…). *Das Ich des Menschen gibt es nicht unabhängig von dem, was ihn existentiell bestimmt.* (…) *Damit ist deutlich: Christliche Identität wird gewonnen durch den Verlust von Identität; sie ist Nichtidentität.*[114]

---

111 Ebd. S. 225

112 Ebd. S. 228

113 Ebd. S. 229 unter Bezugnahme auf R. Bultmann, Theologische Enzyklopädie, Tübingen 1984.

114 Ebd. S. 230f

Es ist F. Portenhauser beizupflichten, dass die drei genannten Theologen die christliche Identität als von Gott, als extern bestimmt gesehen haben. Ebenso wird die vor- oder außerchristliche Identität gemäß der zitierten Stelle aus dem Galaterbrief des Paulus fremdbestimmt durch die Sünde. Sowohl F. Portenhauser als auch die drei diskutierten Verfasser gehen von der im NT vorausgesetzten Trennung in die Welt Gottes und in die der Sünde, des Teufels und des Todes aus. Diese Trennung wurde schon im Kapitel zu Heraklit als Problem angesprochen. Ich hoffe auch deutlich gemacht zu haben, dass die Darstellung des Umgangs Luthers mit (seiner) Emotionalität sowie die des Umgangs mit Neid- und Schamgefühlen in biblischem Kontext nach einer anderen Lösung suchen lassen. So ist zu fragen: Muss dem Menschen des 21. Jahrhunderts zugemutet werden, dass er diese Trennung in die Welt des Geistes und die des Fleisches übernimmt, muss er diese Dichotomie übernehmen? Um Christ zu werden, müsste er ja seine Identität aufgeben und sich fremdbestimmen lassen, eine Nichtidentität annehmen. Wenn nach R. Bultmann der heutige Mensch *sich als ein einheitliches Wesen* versteht, *das sich selbst sein Empfinden, sein Denken und Wollen zuschreibt,* müsste ihm zugemutet werden zu übernehmen, dass fremde Mächte in sein inneres Leben eingreifen könnten. *Er* (erg. der heutige Mensch, DK) *schreibt sich die innere Einheit seiner Zustände und Handlungen zu und nennt einen Menschen, der diese Einheit durch den Eingriff dämonischer oder göttlicher Mächte gespaltet wähnt, schizophren.*[115]

R. Bultmann wendet sich mit seinem Programm einer Entmythologisierung und existentialen Interpretation der neutestamentlichen Texte an Menschen des 20. (21. DK) Jahrhunderts. Er fordert nicht zu akzeptieren, dass wir mit einem *Eingriff dämonischer oder göttlicher Mächte* zu rechnen haben, um dem Evangelium Glauben schenken zu können. Dem

[115] R. Bultmann: NT und Mythologie, S. 19

schließe ich mich an. Ich meine, es ist dem heutigen Menschen nicht zuzumuten,

- dass er sich als einer anderen Macht verfallen sieht;
- dass er seine Identität aufgeben und eine Nichtidentität übernehmen soll;
- dass er seinem eigenen Fleisch, seinem Körper misstrauen soll.

Es scheint mir nun nicht möglich zu sein, den Gedanken einer Individualität des Menschen mit dem einer christlichen Nichtidentität zu verbinden. *Es gibt keine Identität gegen die Leiblichkeit,* so Manfred Haustein, wie es auch *keine Identität gegen den „Geist"* gibt. *Der Grund liegt im einen wie im anderen Fall im Mangel an Ganzheitlichkeit.*[116] Ganzheitlichkeit und Individualität besagen im Prinzip das gleiche. Damit jedoch entfernt man sich von Paulus und nähert sich dem heutigen Denken und Verstehen.

14. Christliche Subjektivität

Es sollen jetzt zwei Theologen zu Wort kommen, die in der christlichen Identität die christliche Subjektivität/ Individualität betonen. Sie sollen deswegen zu Wort kommen, weil ich ihre Betonung christlicher Subjektivität und christlicher Individualität unterstütze und mir zu eigen gemacht habe.

Ernst Troeltsch und Ulrich Barth knüpfen beide an Luther an. Mit ihm wurde ihrer Meinung nach eine ‚christliche Subjektivität' geschaffen.

---

[116] Manfred Haustein: „Leiblichkeit und Identität" in: Leiblichkeit ist das Ende der Werke Gottes, hg. von Michael Klessmann/ Irmhild Liebau, Göttingen 1997, S. 69-79, S. 70.72

E. Troeltsch vertrat eine liberale Theologie und gehörte dem Kulturprotestantismus des 19. Jahrhunderts an. Dieser war nach dem 1. Weltkrieg indiskutabel geworden. Es dominierte die Dialektische Theologie, die auch nach dem 2. Weltkrieg bestimmend war. E. Troeltsch spielte in meinem Studium in den 1960er Jahren eher die Rolle eines Prügelknaben, für den man sich nicht zu interessieren brauchte. Umso überraschender war es für mich, bei ihm Gedanken zu finden, die in die Richtung gehen, in die ich mich selbst bewege. Sie hängen mit den Fragen nach der Subjektivität des Menschen und seiner Individualität zusammen.

In dem Artikel **Die Bedeutung des Protestantismus** schreibt

E. Troeltsch:

Dasjenige, worauf es für ihn (erg. Martin Luther, DK) *wesentlich ankam, war die Sicherung des alten stets erstrebten Zieles, die Heilsgewißheit, die völlige Gewißheit über die Rettung aus der Verdammung der Erbsünde durch die in Christus offenbare und von Christus bewirkte Gnade. Das war sein Hauptinteresse, aber dieses Hauptinteresse war kein neues, sondern nur die kräftig vereinfachende und leidenschaftlich plastische Herausarbeitung des alten. Was er neu brachte, war ein neues Mittel zur Erreichung dieses Zieles, ein Mittel, das von den Unsicherheiten menschlicher mitwirkender Verdienste, fremder unverstandener Autoritäten und bloß dinglicher, sakramentaler Einflößungen frei war, das den ganzen inneren Menschen absolut sicher und fest bis ins Zentrum hinein ergriff und ihn in innerlichste Berührung mit dem göttlich-geistigen Wirken selber bringen sollte.*[117]

[117] Ernst Troeltsch: Die Bedeutung des Protestantismus, 1911, abgedruckt in Ernst Troeltsch Lesebuch/ Ausgewählte Texte, hg. von Friedemann Voigt, 2003, Auszug, S. 167-182, S. 175-176

Während Luthers katholische Herkunft von kirchlicher, äußerer Autorität bestimmt gewesen sei, verbunden mit einer Gnadenwirksamkeit in sakramentaler Atmosphäre und Dinglichkeit, stellte er mit seiner *sola fide* eine Gottunmittelbarkeit heraus, die ihre eigene Autorität wurde. Das ist ein hoher Grad an Subjektivität, die ohne menschliche Heilsmittler auskommt.

Alles das hat Luther nur getan, um der Gnade völlig sicher zu werden, die ihm auf dem Wege der Verdienste und des Mönchtums, der Sakramente und der Priesterautorität immer fremder und äußerlicher, immer menschlicher und bedingter und damit immer unsicherer zu werden drohte. Das Ziel war das alte, aber der Weg war ein radikal neuer. Mit diesem Gedankengefüge ist es nun aber gegangen, wie es oft zu gehen pflegt: der neue Weg zum alten Ziel wird wichtiger als dieses Ziel selbst; aus dem, was ein neues Mittel war, entwickelte sich selbst ein neues Ziel und ein neuer Gehalt.[118]

Entscheidend für mich ist die Ansicht E. Troeltschs, dass Luther in seinem Kampf für eine ‚Heilsgewissheit' sich gegen die Autorität von Kirche und ihrer Hierarchie wendet. Dabei brauchte er für das persönliche Leben etwas rein Persönliches. Das Mittel war daher der Glaube. Damit öffnete er dem Individuum den Weg zu seiner Eigenständigkeit.

Ich halte die Ansicht E. Troeltschs für zutreffend, dass mit Luther ein wesentlicher Schritt in die Richtung einer Individualisierung des Menschen geleistet wurde.

Bei Ulrich Barth fand ich weiterführende Überlegungen zur Individualisierung des christlichen Glaubens. In seiner **Abhandlung zum Protestantismus** schreibt er:

---

[118] Ebd. S. 175

Die Hauptaussage von Luthers in den Grundzügen bereits vor dem Ablaßstreit abgeschlossener Bußtheologie läßt sich folgendermaßen zusammenfassen: Buße ist die gnadenhaft gewirkte Hinsicht des Menschen in seine vollkommene Sündhaftigkeit gegenüber Gott.

Will man Luthers Auffassung von der Buße verstehen, so gilt es zunächst, das in ihr zum Tragen kommende Verständnis von Sünde zu skizzieren. Derjenige Begriff der theologischen Lehrtradition, in dem Luther sein eigenes Erleben am adäquatesten zum Ausdruck gebracht fand, war der Begriff der concupiscentia (erg. lat.: Begierde, DK).[119] (...) *Allein durch die Buße gewinnt derjenige, welcher sündigt, auch ein Bewußtsein davon, daß er sündigt. In der Buße vollzieht sich der Umschlag vom peccator esse* (erg. lat.: Sünder-Sein, DK) *zum confiteri se peccatorem esse* (erg. lat.: sich als Sünder bekennen, DK). *Diese confessio peccati* (erg. lat.: Bekenntnis der Sünde, DK) *hat Luther erstaunlich unsakramental verstanden. Sie vollzieht sich nirgends anders als in der Innerlichkeit dessen, der Buße tut. Buße ist so gesehen die Selbsterkenntnis des Menschen hinsichtlich seiner Sündhaftigkeit. Die Sünde wird zwar allein durch das Gericht Gottes offenbar, gleichwohl bedarf sie der Anerkennung vonseiten des Menschen, welch letztere nur in Form der Selbstzuschreibung vollzogen werden kann.*[120]

Die Hervorhebung der Innerlichkeit in U. Barths Ausführungen sowie den Hinweis, dass Buße letztlich Selbsterkenntnis darstellt, lassen sich als Weiterführung im Verständnis christlicher Subjektivität verstehen. Es ist ein wesentlicher Unterschied, ob das Gericht Gottes gepredigt wird, das über jeden unbußfertigen Sünder kommen wird, gleichgültig, ob er es versteht, annimmt und beherzigt. Oder ob der die Predigt hö-

---

[119] Ulrich Barth: Aufgeklärter Protestantismus, Tübingen 2003, Kapitel: Die Entdeckung der Subjektivität des Glaubens. Luthers Buß-, Schrift- und Gnadenverständnis, S. 27-51. S. 30

[120] Ebd. S. 32

rende Mensch in sich schaut, sich erkennt und daraufhin bußfertig wird. Und: Nur diese subjektive Entscheidung ist wirksam, nur sie wird Luther zufolge von Gott anerkannt. U. Barth:

Das bisher Ausgeführte kann folgendermaßen zusammengefaßt werden:

1. Die Buße hat ihren Ursprung nicht in der demütigen Selbsterkenntnisbereitschaft des Menschen, sondern im geistlichen Verständnis des Gesetzes als des Gerichtes über die Sünde. Das daraus hervorgehende Sündenbewußtsein hat gleichwohl die Struktur der Selbsterkenntnis.

2. Die Sachevidenz der Heiligen Schrift wird allein durch das öffentliche Predigtwort vermittelt. Als Offenbarung Gottes wird solche Rede aber nur dort vernommen, wo deren geistlicher Gehalt vermöge des Wirkens des Heiligen Geistes zu innerer individueller Gewißheit gelangt.

3. Die Gnade Gottes kommt auf den Menschen von außen zu, nämlich in Gestalt des göttlichen Verheißungswortes. Weil sich jedoch in ihm Jesus Christus dem Sünder zueigen machen will, darum hat der Glaube die Form der Aneignung.

U. Barth resümiert, dass in diesen drei Punkten die drei Begriffe „Selbsterkenntnis", „Gewißheit" und „Aneignung" als Aspekte einer Subjektivität im Sinne Luthers zu deuten sind.[121]

Diese von U. Barth herausgestellte Subjektivität des glaubenden Menschen im Sinne Luthers halte ich für überzeugend. Dass die Buße sich in ‚der Innerlichkeit', in meiner Innerlichkeit vollzieht, kann ich bestätigen. Sie geschieht in Gestalt einer ‚Selbsterkenntnis meiner Sündhaftigkeit'. Auch wenn dies für mich nur eine Zwischenstufe und nicht das zu erreichende Ziel darstellt, so bildet das Phänomen der Selbsterkennt-

[121] Ebd. S. 48

nis das Entscheidende. Und auch wenn Luther U. Barth widersprechen würde, die weitere Entwicklung gibt ihm recht.[122]

Dennoch: Beide Autoren: E. Troeltsch und U. Barth bleiben bei der von den biblischen Schriften übernommenen Trennung von Fleisch und Geist, von Weltlichem und Göttlichem, von Diesseits und Jenseits. Das geht aus ihrem Sündenverständnis hervor. Sie bleiben bei dieser Trennung, auch wenn das heutige Welt- und Menschenverständnis eine solche religiös begründete Dichotomie überwunden hat. Aus meiner Sicht wird durch diese Trennung verhindert, das Individuum, die Persönlichkeit nach der Aufklärung als voll eigenständig verantwortlich zu betrachten. Denn die menschliche Aufspaltung in Körper und Geist lässt parallel mitlaufen, dass der Mensch ein Sünder ist aufgrund seiner Begierden. Diese wiederum drücken sich in unterschiedlichen Gefühlen und in einer Haltung aus, die als widergöttlich bezeichnet werden kann und werden muss. Theologisch gesprochen: Das Geschöpf, der Mensch, erkennt nicht seine Geschöpflichkeit und damit seinen Schöpfergott an. Es geht somit nicht einfach darum, sich für die Gefühle stark zu machen, sondern man muss sich auch mit dem Dogma vom Schöpfergott und seinem Geschöpf auseinanderzusetzen. Bevor ich mich diesem Thema zuwende, sei auf den oben zitierten O. H. Pesch nochmals verwiesen. Als er seine Zeilen schrieb, wurde in den 1960er Jahren lebhaft über den Tod Gottes diskutiert. Und O. H. Pesch vergleicht diese Dis-

[122] Jörg Lauster bekräftigt das Anliegen des Neuprotestantismus in unseren Tagen. Er schreibt: *Die Herausforderungen der Moderne sind nicht mit einem einfachen Rekurs auf das Reformationszeitalter zu meistern. Der Neuprotestantismus weiß sich ebenso der Aufklärung und der Romantik verpflichtet, um die Idee eines modernen Christentums realisieren zu können, und bricht darum mit dem religiösen Fanatismus und Dogmatismus des Reformationszeitalters,* in: Jörg Lauster: Der ewige Protest/ Reformation als Prinzip, München 2017, S. 53. J. Lausters Anliegen, Bestrebungen der Vertreter des Kulturprotestantismus heutiger Leserschaft nahezubringen, findet meine volle Unterstützung.

kussion mit der Ansicht Luthers, dass Gott nur als verborgener Gott uns begegnet. Er schreibt:

Luther wagt nicht wie unsere Zeit zu sagen: Gott ist tot. Aber welchen Unterschied macht es zu formulieren: Gott verbirgt sich so, daß es scheint, er sei der Teufel, und: Gott ist tot? Die Erfahrung der quälenden Abwesenheit Gottes, von dem wir alles Heil und alle Geborgenheit erwarten zu dürfen meinen, hat Luther vor 450 Jahren mit einer Schärfe ausgesprochen, die die Erfahrung unserer Tage vorwegnimmt.[123]

Und er fügt resümierend hinzu: *Ein Evangelium, das nicht mehr befreit und Freiheit eröffnet, ist keins mehr. Weder auf katholischer noch auf evangelischer Seite ist man diesem großen Thema Luthers mit allen Konsequenzen bisher gewachsen. Luther selbst war es nicht.*[124]

Es gilt also zu fragen, ob es für uns heute vergleichbare Unfreiheiten wie zur Zeit Luthers gibt? Oder anders gefragt: Gibt es Entwicklungen außerhalb der Kirche, die bei einer Frage nach dem pro me, pro nobis einen größeren Raum an Freiheit, an Individualität bieten als im Rahmen des Bisherigen?

15. Gott als Schöpfer

Auch wenn für Luther Gott nur als verborgener erfahrbar wird, so gilt er ihm selbstverständlich als Schöpfer der Welt. Im Glaubensbekenntnis sprechen wir von „Gott unserem Vater, dem Schöpfer des Himmels und der Erden." Diese Aussage gehört zum Grundbestand des christlichen Glaubens. Sie setzt sich auch in der Aufforderung zur ‚Bewahrung der Schöpfung' fort. Säkular heißt dies ‚Bewahrung der Umwelt'. Sachlich

[123] Ebd. S. 19
[124] Ebd. S. 20

gemeint ist das gleiche, aber das Theologische macht den Unterschied. Abgesehen von den zwei Schöpfungsberichten des Menschen in Gen 1 und 2 sind die entscheidenden Aussagen von Gott dem Schöpfer des Himmels und der Erden erst in der Zeit nach der Zerstörung des Königtums Judas und der Exilierung eines großen Teils seiner Bevölkerung nach Babylon entstanden.[125] Die Exilierten konnten sich davon überzeugen, dass Marduk, der Gott in Babylon, stärker war als ihr Gott. Sonst hätte er nicht gegen das Königreich Juda und seinen Gott gesiegt, den Tempel, Gottes Haus, und Jerusalem zerstören können. Der namenlose Prophet im Jesaja-Buch setzte nun bei der Schöpfung an, um den Rest des Volkes Israel aufzurichten, sowie bei der Aussage, dass die anderen Götter keine Götter seien, sondern Götzen. Entscheidend ist nun aber, dass dies nicht wie eine Predigt oder ein Lehrvortrag dargeboten wird, sondern vorwurfsvoll und mit Demütigungen.

Ich bin der Herr, und sonst keiner mehr, der ich das Licht mache und schaffe die Finsternis, der ich Frieden gebe und schaffe Unheil. Ich bin der Herr, der dies alles tut. (Jes 45, 6b-7)

Wehe dem, der mit seinem Schöpfer hadert, eine Scherbe unter irdenen Scherben! Spricht denn der Ton zu seinem Töpfer: „Was machst du? Dein Tun ist ungeschickt!" Wehe dem, der zum Vater sagt: Warum zeugst du? Und zur Frau: Warum gebierst Du? So spricht der Herr, der Heilige Israels und sein Schöpfer: Wollt ihr mich zur Rede stellen wegen meiner Söhne? Und wollt ihr mir Befehl geben wegen des Werks meiner Hände? Ich habe die Erde gemacht und den Menschen auf ihr geschaffen. (Jes 45, 9-12a).

---

[125] *Es bedurfte des Ruins der Herrschaft Israels und des Untergangs der judäischen Dynastie, um in der jüdischen Theologie nicht nur der Lehre von der universalen Schöpfungsmacht, sondern auch derjenigen von der allumfassenden Gerechtigkeit des einen Gottes bleibende Geltung zu verschaffen,* so Gunther Wenz in: Christus/ Jesus und die Anfänge der Christologie, Göttingen 2011, S. 10.

Der Spruch vom Töpfer und dass dieser machen darf, was er will, begegnet wieder bei Paulus im Römerbrief mit gleicher Tendenz: Man darf Gott nicht zur Rede stellen, Röm 9, 20f. Dieses Redeverbot hat seine Folgen. Zunächst sei noch Jes 44, 6b-7 zitiert:

Ich bin der Erste und ich bin der Letzte, und außer mir ist kein Gott. Und wer ist mir gleich? Er rufe und verkündige es und tue es mir dar!

Diese letzte Äußerung Gottes: Wenn ich nicht der einzige Gott bin, soll dieser andere Gott sich melden, nehmen Gnostiker mit Freude auf, um ihren Glauben an einen Gott über dem Weltschöpfer zu verkünden.

Und dann kam ein Ruf vom Kosmokrator an die Engel: „Ich bin Gott, und es gibt keinen anderen außer mir!" Ich lachte aber freudig, als ich seinen eitlen Ruhm wahrnahm. Er aber sagte überdies: „Wer ist der Mensch?" Und das ganze Heer seiner Engel, die Adam und seine Behausung gesehen hatten, lachte über seine Kleinheit.[126]

Der Kosmokrator ist der Gott Israels, des antiken Judentums und der christlichen Kirchen. Das Ich ist das Ich des Autors. Er, der Autor darf lachen über den eitlen Kosmokrator, der nicht weiß, dass es einen Gott über ihm gibt.[127] Denn was er zustande gebracht hat, war ein lächerliches kleines Geschöpf. Die Exilierten dürfen weder murren noch mit ihrem Gott rechten, ihn zur Rechenschaft ziehen. In dieser Hinsicht fühlt

[126] NHC VII, 2, Zweiter Logos des großen Seth, in: Ursula Ulrike Kaiser/ Hans-Gebhard Bethge (Hg.): Nag Hammadi deutsch, Studienausgabe, Berlin/Boston 2013, 3. Aufl., S. 402; zur Auseinandersetzung mit dem Kosmokrator/ Demiurgen/ Israels Gott in gnostischen Schriften, s. auch Dankwart Kirchner: Der Zweite Logos des großen Seth aus NHC VII – ein gruppendynamischer Zugang zur Gnosis, in: Der Gottesspruch in der kopt. Literatur, Hallesche Beiträge zur Orientwissenschaft 15, 1994, S. 125-134.

[127] Zu dem Motiv des Lachens über den Kosmokrator bzw. Demiurgen im Zweiten Logos des großen Seth, s. auch Karl-Wolfgang Tröger: Die Gnosis/ Heilslehre und Ketzerglaube, Freiburg 2001, S. 120-122.

sich der Gnostiker dem Juden oder dem Christen überlegen. Er ist frei vom Zwang des Kosmokrators.[128]

Eine Herausforderung Gottes, wie sie im Hiobbuch entfaltet und zurückgewiesen wird, ist ebenfalls nicht zulässig.[129] Ich halte es aber für notwendig, solche Schriften und ihre Anliegen mit einzubeziehen bei der Frage, welche Entwicklung das nachexilische Israel genommen hat und wie es dazu kam, dass von einem zum Gericht Kommen Gottes und von einem Ende der Welt gesprochen und geschrieben wurde und warum diese Ankündigung sich nicht realisierte. Dazu kommt das bereits erwähnte Redeverbot bzw. das Verbot, mit Gott rechten zu wollen. Es wird begleitet mit Demütigungen der Hörer und Leserinnen, denen ebenso nicht widersprochen werden darf. Sie sind so verinnerlicht worden, dass Paulus sie im Römerbrief wiederholt.[130] Das bedeutet, dass Gefühle, die mit diesen Demütigungen und Androhungen („Wehe denen, die") zusammen hervorgerufen werden, nicht wahrzunehmen sind. Und so, wie Paulus das, was er bei Jesaja zur Kenntnis genommen hat, weitergibt, so geben es Kommentatoren seines Briefes an die Römer weiter, ohne zu prüfen, ob es sich um eine Demütigung handelt, wenn Paulus schreibt:

Ja, lieber Mensch, wer bist du denn, dass du mit Gott rechten willst? (Röm 9,20)

---

[128] Ich halte diese Reaktion von Gnostikern auf die Darstellung Gottes in Jesaja 40-55 für nachfühlbar auf Grund der zuvor erfolgten Demütigungen durch jenen Propheten, der im Auftrag Gottes sprach. Zwar hat er einerseits die Judäer im Exil aufgerichtet und verhindert, dass sie sich zu Marduk, dem Gott der Babylonier bekehren. Andererseits aber provoziert er, dass ehemalige Anhänger des Gottes der Judäer sich in dieser Weise mit ihrem nun depotenzierten Gott auseinandersetzen.

[129] Zur Auseinandersetzung Hiobs mit Gott, s. Vom Zorne Gottes, S. 72-75; ebenso weiter unten!

[130] Zu meiner Kritik an Röm 9, 20f, s. Vom Zorne Gottes, S. 82-84.

16. Liebe als Ambivalenz

Gegen diese göttlich bewirkten Wahrnehmungseinschränkungen bemühen sich Psychologen und Psychologinnen unserer Tage um ein Wahrnehmen ohne Einschränkung. Das ist deshalb erfolgreich, weil sie nicht mit moralisch oder theologisch begründeter Zensur arbeiten. Während in christlicher Tradition zwischen Liebe als Eros (Liebe zu Partnern, erotische Liebe, Liebe untereinander) und Liebe als Agape (Nächstenliebe) sowie Liebe zu Gott unterschieden wurde und noch unterschieden wird, wird diese Unterscheidung, diese Trennung in profaner Literatur nicht vollzogen. So ist in **Das ABC der Gefühle** von Udo Baer/ Gabriele Frick-Baer zum Stichwort ‚Liebe' zu lesen:

Liebe

Ich bin allgegenwärtig und nicht zu fassen. Die Fachleute können mich sowieso nicht beschreiben, die Poeten versuchen es tausendfach wieder und wieder. Doch ich bin verrückt und spotte jeder Beschreibung.

Ich bin Nähe, Intimität, Vertrauen – aber nicht nur.

Ich bin Lust, Erotik, Sexualität – aber viel mehr.

Ich bin sowohl höchste Erregung und Leidenschaft als auch tiefste Ruhe.

Ich bin die Bindung, brauche aber die Reibung und das Anderssein, sonst gehe ich verloren.

Ich bin so vieles und doch einzigartig, entziehe mich jeder Messung und jedem Begreifen.

Wofür ich gut bin, ist eine dumme Frage. Wer liebt, weiß, dass Liebe gut ist. Selbst wenn sie schmerzt. Lieben ist Leben.[131]

Zu diesem Stil, das Gefühl Liebe als Person zu beschreiben, äußern Autor und Autorin: *Wenn wir die jeweiligen Gefühle derart befragen, personalisieren wir sie. Wir wollen damit auf keinen Fall den Eindruck erwecken, als wären Gefühle selbstständig handelnde Teile unserer Person. Gefühle sind nie von anderen, v.a. den körperlichen und sozialen Aspekten des Lebens und Erlebens zu trennen* Ich möchte betonen, dass die hier vorgenommene Beschreibung einer Ambivalenz oder auch Multivalenz der Liebe mir ganz aus dem Herzen spricht. Das möchte ich deswegen betonen, weil biblische Beschreibungen von Liebe, jede Ambivalenz vermissen lassen. Klassisch der Vers aus 1. Joh 4,16:

Gott ist Liebe, und wer in der Liebe bleibt, der bleibt in Gott und Gott in ihm, oder schon kurz zuvor im gleichen Brief, dass der, der liebt, aus Gott geboren ist und der, der nicht liebt, Gott nicht kennt (1. Joh 4, 7-8). Dieses Entweder-oder-Denken auch in der Liebe ist im Rahmen der antiken Teilung in himmlisch-irdisch zu begreifen. Dazu sei auch an des Apostel Paulus‘ Hohes Lied der Liebe erinnert, nach dem die Liebe langmütig sei und nicht das Ihre sucht.[132] Paulus meint: *Sie* (erg. die Liebe, DK) *erträgt alles, sie glaubt alles, sie hofft alles, sie duldet alles,* V. 7.

Diese behauptete Selbstlosigkeit der Liebe ist eine Illusion. Auch der vermeintlich selbstlos und christlich Liebende will das Gesetz Christi in der Liebe erfüllen (Röm 13, 8).

---

[131] Udo Baer/ Gabriele Frick-Baer: ABC der Gefühle, Weinheim - Basel 2008, 3. Aufl. 2011, S. 54-55

[132] 1. Kor 13,4+5; H. Conzelmann, Kommentar weist darauf hin, dass in 1. Kor 13, 4-7 die personifizierte Liebe Subjekt ist, S. 264; so beschreiben auch U. Baer und G. Frick-Baer in ihrem zitierten Buch die Liebe.

In den Thesen zur Heidelberger Disputation von 1518 schreibt Luther, dass der Mensch angesichts Gottes nicht liebenswert ist:

These XXVIII Die Liebe Gottes findet das für sie Liebenswerte nicht vor, sondern erschafft es. Die Liebe des Menschen entsteht aus dem für sie Liebenswerten. Der zweite Teil ist offenkundig und [gemeinsame Überzeugung] aller Philosophen und Theologen, weil der Gegenstand der Liebe die Ursache der Liebe ist. (...) *Der erste Teil ist offensichtlich, weil die Liebe Gottes, die im Menschen lebt, die Sünder, Bösen, Törichten, Schwachen liebt, um sie zu Gerechten, Guten, Weisen und Starken zu machen, und so verausgabt sie sich vielmehr und teilt Gutes mit. Denn darum sind die Sünder schön, weil sie geliebt werden, nicht darum werden sie geliebt, weil sie schön sind.*[133]

Für Luther ist die Liebe Gottes das Wichtigere. Sie verwandelt den Sünder in einen Gerechten, den Bösen in einen Guten und so weiter. Der Mensch ist entweder töricht oder weise, schwach oder stark. Hier lohnt sich auch eine Introspektion, um zu erkennen, dass dieses Entweder-Oder-Denken nicht kompatibel ist mit unserem heutigen Denken. Jeder kennt sich als töricht und weise, als gut und böse, je nach seinem Verhalten und den erlebten Situationen.

Die Art, die von Luther als zweite Art der Liebe genannt wird, ist die uns geläufige. Damit und darüber kann man sich verständigen. Für alle, die lieben, ist das geliebte Gegenüber wunderschön. Wieso jedoch diese gemeinsame Liebe nachlässt, ist ein Problem, auf das weiter unten eingegangen werden soll.

---

133 Zitiert nach: Martin Luther: Lateinisch- deutsche Studienausgabe, Band 1, hg. und eingeleitet von Wilfried Härle, Leipzig 2006, S. 61

17. Die 7 Todsünden aus der Sicht eines katholischen Theologen und Psychologen

In evangelischer Tradition und evangelischem Alltag spielen die 7 Todsünden keine besondere Rolle. In ihnen – evangelischer Tradition und evangelischem Alltag - wird die Sünde als Einzahl genannt, unter die alle anderen Sünden subsumiert werden. Dennoch sei an diese klassische Siebenzahl erinnert, da sie inzwischen als einzelne Sünde durchaus einen je unterschiedlichen Stellenwert besitzt. Anton Bucher hat unter dem Titel **Geiz, Trägheit, Neid & Co. in Therapie und Seelsorge** ein Buch veröffentlicht mit dem Untertitel „Psychologie der 7 Todsünden".[134] Er gibt das Ergebnis einer Studie, in der die 7 Todsünden einzeln bewertet wurden, im Vorwort S. X in einer Skala bekannt: Die am schlechtesten bewerteten Gefühle/ Bedürfnisse stehen am Anfang, das am besten beurteilte Gefühl am Schluss: Geiz/ Habgier, Neid, Völlerei, Stolz, Zorn, Faulheit, Wollust. Dennoch bleibt festzuhalten: Alle werden negativ beurteilt. A. Bucher widmet jeder einzelnen Todsünde ein eigenes Kapitel, in dem ebenfalls gefragt wird, ob diese Todsünden auch positive Effekte hervorbringen können. Zum Beispiel kann der Neid motivieren, um mehr zu verdienen. Und ohne die Wollust wäre niemand auf der Welt und könnte sein Buch lesen. Schlagend das Argument A. Buchers, dass kein Kind stärker motivieren könne, als der Ausspruch: „Ich bin stolz auf dich!"

Abgeschlossen werden die Kapitel mit klinisch-therapeutischen Aspekten. Wie lässt sich Zorn, wenn unter ihm gelitten wird, dämpfen? Gibt es Strategien, um Geizige dazu zu bringen, auf dem Einzahlungsschein der Caritas eine zweistellige Zahl einzutragen?

---

[134] Anton Bucher: Geiz, Trägheit, Neid & Co in Therapie und Seelsorge/ Psychologie der 7 Todsünden, 2012

Mein Anliegen, Autor und Buch zu zitieren, war, zur Kenntnis zu geben, dass ein katholischer Professor für Praktische Theologie an der Universität Salzburg, Lehrbeauftragter an den Fachbereichen Erziehungswissenschaften und Psychologie ebenda sowie Stellvertretender Vorsitzender der Arbeitsgemeinschaft katholischer ReligionspädagogInnen und KatechetikdozentInnen im deutschsprachigen Raum auf diese Weise und heutzutage mit dem Problem der 7 Todsünden umgehen kann.

Im Kapitel „Ausblick“ schreibt A. Bucher:

Sind die sieben Todsünden heute noch aktuell? Die Antwortet lautet: und wie! In der Werbung, der Kunst, der Umgangssprache, bezogen auf die Bundesbahn ebenso wie Fehler im Management. Weniger aktuell sind sie in Theologie und Kirche, von erzreaktionären Milieus abgesehen (…) Traditionell galten die Todsünden als verwerflich, am massivsten der Stolz. Die in diesem Buch zusammengetragenen Daten aber zeigen: Diese Laster werden von unseren Zeitgenossen sehr unterschiedlich eingeschätzt, am negativsten der Geiz, der nicht ‚geil‘ ist – und Habgier. Für schlecht befunden wird auch Neid, der zwar zur Motivationsspritze werden kann, aber häufiger krank macht – unsympathisch und einsam dazu. Wenig verwerflich sind die Trägheit, von der viele gar nicht wissen, dass sie zu den Todsünden gezählt wurde, sowie die Wollust, die wie eine Droge erlebt werden kann. Im Mittelfeld liegen Zorn, der auch gerechtfertigt, ja notwendig sein kann (wenn Unrecht registriert wird), Stolz, der ein sympathisches oder hochnäsiges Gesicht haben kann, sowie die Völlerei. (…) Wird gefragt, welcher Faktor die schmerzhaften, schädigenden Varianten der Todsünden am stärksten begünstigt, ist die Antwort leicht und empirisch gut gesichert: geringer Selbstwert! Menschen sind genötigt, habgierig in die Geschäften zu eilen, wenn sie sich deprimiert und wenig wert fühlen. Wer sich selber wertschätzt, verfällt weniger leicht dem scheelen Blick, vor dem sich viele Menschen in einfachen Kulturen fürchten – weil Neid ungut, feindselig ist. (…) Traditionellerweise wurde, um Menschen von den Todsünden abzuhalten, gepredigt und gedroht – und dies massiv. Neidlingen würden in der Hölle die Augen zugenäht, Lüstlingen die Schleimhäute versengt. (…) Viel wirksamer ist eine Kultur der gegenseitigen Wertschätzung, der Anerkennung und des authentischen Lobes, das wir alle gerne hören und das aufbaut, schon im Kindesalter. Eine der besten Prophylaxen ist entsprechende Erziehung, die es dem Kinde erlaubt, auch stolz zu sein, Lust zu erleben, seine Gefühle zu zeigen (auch die heftigen, wenn auf den Boden gestampft wird), auch einmal faul herumzuliegen und sich den Bauch vollzuschlagen.[135]

Was bei A. Bucher so selbstverständlich klingt, dass wir alle gern eine Wertschätzung, ein Anerkennung und natürlich auch ein Lob hören, ist keineswegs so selbstverständlich. Und wenn wir wissen, dass wir gern gelobt werden, können wir auch glücklich und stolz ein Lob annehmen? Können wir es zeigen, dass wir uns freuen, wenn wir gelobt werden?

Ein von vielen wie auch von mir sehr geschätzter evangelischer Professor für Theologie, dem ich selber für meine theologische Entwicklung viel verdanke, sprach bei einer ihm zu Ehren veranstalteten Feierstunde:

Zu tiefem Dank verpflichten mich die außergewöhnliche Ehrung, die mir soeben zuteil wurde, dazu die mich beschämenden Worte der Anerkennung meiner Lebensarbeit.[136]

Gerhard Ebeling, dem die Feierstunde galt, kann das Lob keineswegs als ‚selbstverständlich' annehmen. Auf eine Anerkennung sollte man, könnte man mit Freude, Glücklichsein oder wenigstens mit dem Gefühl

[135] A.a.O. S. 180-181

[136] Gerhard Ebeling: Ein Leben für die Theologie – eine Theologie für das Leben, in: ZThK 95, 1998, S. 158-166, S. 158; Vortrag in Tübingen am 10.12.1997, gehalten anläßlich der Verleihung des Dr. h.c. an den Verfasser.

einer Bestätigung für vorangegangene Anstrengungen reagieren. Wenn man sein Leben lang solche Anerkennung schon empfangen hat, wäre das Gefühl einer gewissen Gleichgültigkeit vorstellbar. G. Ebeling spricht von Scham, vermutlich weil er als Christ nicht von Stolz sprechen kann und darf.

In diesem Zusammenhang halte ich die Korrelation für sehr wichtig, auf die A. Bucher Bezug nimmt: „Wer sich selber wertschätzt, verfällt weniger leicht dem scheelen Blick". Dieser Zusammenhang von innerer Stärke und kommunikativer Kompetenz – auf sie kommt es mir an. Ein scheeler Blick kann auch streng oder beleidigend sein. Ob man ihn dann auf sich bezieht, hängt von der inneren Stärke und Wertschätzung ab. Grundsätzlich kann man mit A. Bucher sagen: Ein geringes Selbstwertgefühl begünstigt die schmerzhaften und schädigenden Todsünden. Anders gesagt: Gefühle, bewusst erlebt, bilden quasi ein Immunsystem der Psyche des Menschen, das ihn vor verbalen und nonverbalen Übergriffen schützt.[137]

Ich möchte festhalten, dass der Mensch Anerkennung für sich als Person braucht, auch für das, was er leistet. Wenn man dabei mit seinem Stolz in Konflikt gerät, gilt es, sich für oder gegen das eigene Gefühl zu entscheiden.

---

[137] A.a.O. S. 181; *auf ihre Funktion hin gesehen, lassen sich Gefühle mit Immunsystemen vergleichen; sie scheinen geradezu die Immunfunktion des psychischen Systems zu übernehmen,* so Niklas Luhmann, Soziale Systeme, Frankfurt/ M. 1994, 4. Aufl. S. 371; *Widersprüche haben dadurch, daß sie die Eliminierung von Abweichungen ermöglichen, aber nicht erzwingen, Eigenschaften, die die Entwicklung eines Immunsystem fördern,* ebd. S. 504; *Der Widerspruch scheint, ähnlich wie der Schmerz, eine Reaktion auf ihn selbst zu erzwingen, oder doch sehr nahezulegen,* ebd. 505.

18. Luther gegen den Strich gebürstet

Es sei vorausgesetzt, dass Luther den folgenden Ausführungen nicht zustimmen würde. Sie gehen allein vom Menschsein Jesu aus. Seine biblisch behauptete Göttlichkeit spielt keine Rolle, da sie sich erst durch die christologische Entwicklung herausgebildet hat. Legt man nicht das heutige Wirklichkeitsverständnis zugrunde, das sich seit Heraklit angebahnt und ausgebreitet hatte, so kann man begreifen, dass in einem Weltbild, das sich geteilt hat in ein Reich Gottes und des Guten und in eines des Bösen, des Teufels und der Sünde, ein Gottmensch aus dem Reich Gottes die Erlösung von der Sünde, unter der die Menschen versklavt waren, gebracht hat. Legt man es nicht zugrunde, so gilt es zu erklären, wie bestimmte Ansichten und Grundsätze Luthers heute zu verstehen sind.

18.1 Zur Buße und zur Angst vor der Hölle

An diesem Punkt wirst du finden (wenn du nicht lügen willst), dass du nicht so bist, sondern viel lieber wolltest, dass dein früheres Leben erlaubt sei; denn du fühlst dich noch vollständig zu deinem früheren Leben hingezogen. (…) *Und wenn du wahrhaft und freimütig beichten wolltest – ohne Rücksicht auf Gott, Gebot, Strafe, Freude – so weiß ich, du würdest sagen: Wenn kein Gott wäre, keine Hölle, so würde ich gewiss schwerlich Buße tun.*[138]

Luther hat also deutlich seine Angst vor Gott gespürt. Ohne das Wissen um einen strafenden Gott hätte er nicht Buße getan. Die Ablassthesen sind bestimmt von der wahren Buße. Das ganze Leben soll Buße sein.

[138] Martin Luther: Sermon über die Buße, Lateinisch-deutsche Studienausgabe, Band 2, herausgegeben und eingeleitet von Johannes Schilling, Leipzig 2006, S. 35-51, S. 43

Das frühere Leben war bestimmt von der Begierde, der concupiscentia. Sie machte dir durch die von ihr hervorgerufenen Gefühle deutlich, dass du sündig bist und büßen musst. Doch eigentlich fühlst du dich zu diesen Gefühlen noch hingezogen. Auf diese Weise aber gewinnt der Teufel wieder Macht über dich. Stellt man nun in Rechnung, dass dieser Teufelsglaube entstanden ist durch Gottes Ungerechtigkeit, wie oben beschrieben, so ist nicht nur dieser Teufelsglaube obsolet geworden, sondern auch die Angst vor einem strafenden Gott. Durch die Auflösung von Teufel und Sünde können die Gefühle der Begierde in ihrer Ambivalenz betrachtet werden: Sie sind drauf aus, befriedigt zu werden, laufen aber gleichzeitig Gefahr, andere Menschen bei dieser Befriedigung auszunutzen, gegen ihren Willen zu missbrauchen. Dieses Abwägen ist nur möglich, wenn die Begierde nicht als Sündenmacht verstanden wird. Das frühere Leben, so könnte man sagen, ist weiter erlaubt unter der Bedingung, dass man das Hingezogen-Sein zu ihm reflektiert. Das frühere Leben, vom Kleinkind an, war nicht in der Lage zu erkennen, dass andere Menschen gleiche Bedürfnisse haben wie man selbst. Schon gar nicht konnte man sich bei Menschen ein Geltungsbedürfnis vorstellen, die bescheiden oder sogar bedürfnislos wirkten. Buße in diesem Zusammenhang bedeutet, über dieses eigene Anspruchspotential und die eigenen Bedürfnisse nachzudenken, um Gleiches dem Mitmenschen neben sich zuzugestehen.

18.2 Zur Sündenvergebung

Wie der Priester wirklich lehrt, tauft und die Kommunion spendet und doch dies alles Werke allein des innerlichen wirkenden Geistes sind, so vergibt er wirklich Sünden und spricht von Schuld los, und doch ist dies ein Werk allein des innerlich wirkenden Geistes.[139]

Für Luther war klar, dass es der Heilige Geist ist, der dem getauften Christen innewohnt und der die Sünden vergibt. Das Revolutionäre war die Wegnahme der Heiligkeit des Priesters und die Aufwertung der Person, die durch den ihr innewohnenden Geist von der Schuld befreit wird. Ist nun mit einer gleichen Wirkung zu rechnen, wenn die Existenz eines Heiligen Geistes bezweifelt, nein: bestritten wird? Meine Antwort: Ja. Ich stehe ja in einer Tradition, die zunächst mit einem Heiligen Geist gerechnet hat, fühlte mich in gutem Sinne christlich. Wenn ich nun davon ausgehe, dass mein individueller, innerlich wirkender Geist mich zu gleichem Ergebnis bringt: Vergebung der Schuld, so halte ich das für die gleiche Wirkung. Es sei aber gleich dem Missverständnis vorgebeugt, es handle sich bei der Schuld um die, die aus dem Sündersein nach antikem Weltbild entsteht. Nein, es ist die Schuld, die im Zusammenleben und in der Kommunikation durch Verletzung und Missachtung entsteht. Es sei in diesem Zusammenhang an jene Faustregel in der Kommunikation erinnert:

„Erst wenn ich die Antwort auf meine Nachricht gehört habe, weiß ich, was ich und wie ich es gesagt habe.“[140]

---

[139] Martin Luther: Von der Vergebung der Sünden 1518, Lateinisch-deutsche Studienausgabe, Band 2, hg. von Wilfried Härle u.a., Leipzig 2006, 25-33, S.28

[140] Das gilt für unsere alltägliche Kommunikation wie auch für die in der Bibel dokumentierte. Als Beispiel sei genannt Hiob 40,6-9 + 42,1-6. Die Autoren haben mit Gott Hiob schachmatt gesetzt, ihn zum Verstummen gebracht und somit die Kommunikation beendet.

18.3 Zur Subjektivität der Sündenvergebung

Die Sünden sind erlassen, wenn du glaubst, dass sie erlassen sind, weil die Zusage des Retters Christus gewiss ist.[141]

Auch hier ist die Voraussetzung das aus der Antike tradierte Weltbild. Christus hat durch seinen Tod den Zorn des Vaters gestillt und uns von der ewigen Strafe erlöst. Wenn nun diese Voraussetzungen nicht mehr zutreffen, so kann man davon ausgehen, dass sowohl der Vorstellungszusammenhang von Sünde als auch der von Erlösung, wie er noch für Luther selbstverständlich war, sich erledigt hat. Dennoch gilt auch hier, dass wir an dem Glauben der Generationen vor uns partizipieren. Sonst hätte es keinen Luther und auch keine aufklärende und historisch-kritische Theologie gegeben. Aber wie ist das zu verstehen? Wer an die Zusage Christi glaubt, dass er sündlos ist, ist tatsächlich sündlos, weil schon allein der Glaube an den Erlass der Sünde diese erlässt? Luther fühlte sich demnach sündlos. Wenn ein anderer oder eine Heutige, sich sündlos fühlen, weil für sie die Sünde kein aktuelles Phänomen darstellt, sind beide Gefühlslagen vergleichbar und gleich zu bewerten? Hat eine evangelische Pfarrerin das Recht, ja die Pflicht zu sagen: Auch wenn ihr euch gleich fühlt, der oder die Heutige müssen an das Erlösungswerk Christi im biblischen Sinne glauben? Ich meine, nein.

18.4 Das Gefühl bei der Sündervergebung

Denn was soll mir Barmherzigkeit, wenn ich sie nicht verspüre? Wenn ich sie aber verspüre, so bin ich schon zu einem Gerechten gemacht.[142]

---

[141] Martin Luther: Von der Vergebung der Sünden 1518, S. 27

[142] Martin Luther Deutsch, Band 1, Göttingen 1983, 2. Aufl. hg. von Kurt Aland, Psalmenvorlesung, S. 29

Auf dem oben beschriebenem Hintergrund, dass Gott von seiner Schuld gegenüber David und den getöteten Israeliten entlastet und der Satan trotz seiner Unschuld damit belastet wurde, sehe ich klarer, wie das Sündenverständnis zustande kam und mir ein Verständnis von göttlicher Barmherzigkeit als Glaubensinhalt beigebracht wurde. Diese früher geglaubte und gespürte göttliche Barmherzigkeit brachte mich dazu, dass ich lernen konnte, biblische Texte historisch-kritisch auszulegen und zu verstehen. Im Rahmen dieser Auslegungsgeschichte stellte ich Gott und seine Barmherzigkeit infrage. Aber das Gefühl, zu einem Gerechten gemacht worden zu sein, ist geblieben. Allerdings hat sich das Verständnis von Gerecht-Sein verändert. War es zunächst geprägt von der Rechtfertigungslehre nach Paulus und Luther, so stützt es sich jetzt auf die überprüfbare Kenntnis biblischer und außerbiblischer Schriften und anderer Dokumente. Der Gedanke, ein Gerechtfertigter und ein Sünder zugleich zu sein, war mir durch seine Ambivalenz bzw. Paradoxie sehr lieb geworden. Jedoch setzte er das antike Weltbild voraus, nachdem die Sünde als teuflische Sphäre in der Welt herrscht und mich immer wieder durch die List des Teufels in ihren Herrschaftsbereich zog. Diese Voraussetzung ist mit Heraklits Weltbild obsolet geworden, sie ist vergangen. Hier wie auch im vorigen Abschnitt stellt Luther allein auf das Gefühl ab, natürlich erst, nachdem er Gott als den barmherzigen und nicht als den strafenden erkannt und geglaubt hat. Wenn aber ein heutiger Mensch Gott als einen barmherzigen spüren soll, muss er zu einem Gestrigen gemacht werden, der erst die Zerknirschung spürt und dann die Barmherzigkeit, die ihn im gleichen Augenblick zu einem Gerechten macht? Für Luther und seine Hörerinnen und Hörer waren Höllenstrafen reale Aussicht. Muss diese Aussicht Heutigen ohne antikes Weltbild verkündigt werden, um sie dann davon wieder zu befreien, zu erlösen? Nach meiner Ansicht: nein.

Was jedoch wichtig ist: Es ist das Gefühl mich zu freuen, wenn ich im Recht bin, wenn ich Recht habe. Andererseits ärgere ich mich, wenn dies nicht so ist, wenn ich nicht Recht habe. Weil ich mich lieber freue als ärgere, versuche ich, immer im Recht zu sein. Mein Gefühl in der Kommunikation mit anderen verdeutlicht mir, ob ich Recht hatte oder Unrecht. Das hat den Vorteil in der Kommunikation, dass es mir verwehrt ist verärgert zu sagen, es ginge mir allein um die Sache. Es geht auch immer um mein Gefühl.

18.5 Die Subjektivität des Glaubens

Glaubst du, dann hast du, glaubst du nicht, dann hast du nicht.[143]

Ich nehme jetzt das Motto für diese Arbeit auf. Für Luther galt dieser Satz bezogen auf Jesus Christus, den gekreuzigten. Sein Tod bewirkte eine Versöhnung Gottes und die Rechtfertigung des Menschen vor Gott. Wenn ich dies glaube, dann habe ich im Grunde alles. Die Frage ist jetzt, ob dieser Glaube auch wirkt, wenn sein mythischer Rahmen fehlt. Im Laufe meines Theologisierens kam diese Göttlichkeit Jesu abhanden. Das war nichts Besonderes, das betraf und betrifft heutzutage viele, nicht nur Theologinnen und Theologen. Es war deutlich, dass Jesus, wie Röm 1,3 es sagt, als Mensch geboren wurde und erst später zum Gottmenschen aufstieg. Vom Gefühl her ist das Ergebnis, glaubst du, dann hast du, geblieben. Ich fühlte mich ja einst von einer Last befreit und von Gott angenommen. In einem neuen Verstehenshorizont sind dieses Gefühl und dieses Bewusstsein geblieben. Ich will damit sagen, dass es reicht zu glauben, dass in früheren Generationen von Christen der Glaube an den gekreuzigten Christus bewirkt hat, dass wir heute von diesem Glauben leben können. Wir müssen aber nicht dieses vergangene Welt-

---

143 Martin Luther: Von der Freiheit eines Christenmenschen, WA 7, 12-38, S. 24:*Siehe da, glaub in Christum, yn wilchem ich dir zusag alle gnad, gerechtickeyt, frid und freyheyt, glaubstu, so hastu, glaubstu nit, so hastu nit.*

bild wiederherstellen, um uns von dem, was traditionellerweise Sünde und Schuld genannt wird, befreit zu fühlen.

18.6 Der Teufel als Herrscher der Welt

Der Teufel ist unseres Herrn Gottes Henker (…) *Was nu zum Tode dienet und hilft, es sei und heiße, wie es wolle, das ist des Teufels Instrument und Handwerk, das er ohne Unterlaß in der Welt ubet und treibet. Wiederum, was zum Leben dienet, ist Gottes Gnade, Gabe und Wohlthat. Zwar er tödtet auch, aber zum Leben. Wenn aber gottlos Wesen und allerlei Sünde uberhand nimmt, so muß der Teufel unseres Herrn Gotts Henker sein.*[144]

Diese Zuordnung Luthers, dass alle Übel in der Welt das Werk des Teufels, noch dazu gewissermaßen in Gottes Auftrag seien, ist als Fortsetzung jenes Umschreibens von 2. Sam 24 in 1. Chron 21 zu lesen. Es wird zynisch klingen, wenn ich schreibe, Gottes Töten von 70.000 Israeliten geschah zu ihrem Leben. Luther hat die beiden Texte nicht so gelesen. Wir können es und können sie korrelieren mit der Entwicklungsgeschichte des Satans. Luther verleitet uns zu glauben, dass nur der Teufel hinter Kriegen wie dem Dreißigjährigen Krieg stehen konnte, weil Gott solch ein langes Gemetzel unmöglich verursacht haben kann. Wir können es besser wissen, können nach Kriegsursachen, ohne den Teufel zu bemühen, forschen.

[144] Martin Luther: WA 53, Tischreden Band 1, S. 347

19. Über menschliche Gefühle und ihre Relevanz für die Theologie[145]

Es werden in diesem und den folgenden Kapiteln Gefühle thematisiert, die im Bereich der Bibel nicht toleriert oder nur ungern erlebt werden.[146]

Zu Beginn zitierte ich aus einer Veröffentlichung von Doris Märtin/ Karin Boeck: **EQ/ Gefühle auf dem Vormarsch.**

Gefühle erkennen und akzeptieren. Das Erkennen der eigenen Gefühle ist das A und O der emotionalen Kompetenz. Nur wer lernt, emotionale Signale wahrzunehmen, zu etikettieren und zu akzeptieren, kann seine Gefühle steuern und vertiefen (…) Die meisten von uns haben Verdrängungs- und Vermeidungsstrategien entwickelt, um unangenehme oder inakzeptable Gefühle auszublenden oder umzudeuten. Automatisch und ohne daß wir uns dessen bewußt werden, lassen wir nur bestimmte Gefühle zu und tilgen andere aus unserem Bewußtsein. (…) Diese Kultivierung des Gefühlslebens setzt drei Dinge voraus: Zulassen der Gefühle, Achten auf die emotionalen Signale und Identifizieren des Auslösers.[147]

„Zulassen von Gefühlen" bedeutet, sie als zu sich gehörend anzusehen, anzunehmen und mit ihnen umzugehen lernen. Es bedeutet nicht, sie zwar zu kennen, alle zu kennen, aber einige abzulehnen.

---

[145] Marcel Sarot: *In der dogmatischen Diskussion des 20. Jh. wurde das G.*(erg.: efühl, DK) *kaum als eigenes Thema bedacht,* in: RGG, 4. Aufl, Band 3, 2000, Sp. 534-537, Sp. 536.

[146] *Man kann wohl sagen, dass keine der uns bekannten Emotionen der Bibel fremd ist, auch wenn der Deutungsrahmen, in dem sie stehen, in vielen Fällen ein anderer ist als der heutige unserer westlichen Kultur,* so Claudia Janssen, Rainer Kessler in: Sozialgeschichtliches Wörterbuch zur Bibel, hg. von Frank Crüsemann u.a., 2009, S. 108. Der Deutungsrahmen ist entscheidend dafür, wie ich mit Emotionen umgehe, umgehen kann und darf.

[147] Doris Märtin/ Karin Boeck: EQ/ Gefühle auf dem Vormarsch. Wie die emotionale Intelligenz unseren Erfolg bestimmt, München 1996, 3. Aufl., S. 60f.

Die beiden Autorinnen fordern uns auf:

Hören Sie auf, Gefühle zu interpretieren und einer Zensur zu unterwerfen. Gefühle sind weder gut noch schlecht, sie sind einfach Informationen über uns und unser seelisches Wohlbefinden.

Wenngleich ich dieser grundsätzlichen Forderung, Gefühle nicht zu interpretieren, zustimme, so meine ich doch, dass ein generelles Registrieren, ob ein Gefühl angenehm oder unangenehm ist, unausweichlich ist.

Dieser Aufforderung der beiden Autorinnen nachzukommen ist umso schwieriger, wenn man mit Paulus verinnerlicht hat, dass das Begehren des Menschen ihm seine Verstrickung in die Sünde anzeigt. Man kann sich dem Problem nähern, wenn man erkennt, wo beispielsweise das Sündenverständnis verhindert, bestimmte Sachverhalte wahrzunehmen. Ich machte oben darauf aufmerksam, dass die Aussage von der bedingungslosen Annahme des Sünders durch Gott nicht zutrifft. Ich zitiere:

Letztlich ist die Lehre von der bedingungslosen Annahme und Rechtfertigung des Gottlosen nichts anderes als eine Freiheitslehre.[148]

So oder so ähnlich wird in jeder evangelischen Glaubenslehre geschrieben, dass Gott uns bedingungslos annimmt und dadurch befreit.[149] Diese Aussage einer bedingungslosen Annahme des Menschen durch Gott ist

---

[148] U. Körtner a.a.O. S. 51

[149] Vgl. auch katholischerseits Bernhard Grom: *Das Streben nach positivem Selbstwertgefühl, das in allen Lebensaltern eine für das Wohlbefinden und Sinnerleben zentrale Motivation und Lebensaufgabe darstellt, kann durch die Botschaft vom bedingungslosen Ja* (Unterstreichung DK) *angesprochen werden, das Gott durch seine Schöpfung, seine Menschwerdung und sein Sterben am Kreuz zu uns spricht,* in: Was ist religiöses Erleben? In: Roderich Barth/ Christopher Zarnow (Hg.): Theologie der Gefühle, Berlin/ Boston 2015, S.23-45, S. 42. Auch hier ist die Bedingung: Ich muss glauben, dass Jesus für mich am Kreuz gestorben ist.

ein gutes Beispiel dafür, dass der Mensch bestimmte Gefühle und damit verbunden auch bestimmte Sachverhalte nicht wahrnimmt. Denn bevor man bedingungslos von Gott angenommen werden will, muss man erst einmal den Grund, die Notwendigkeit wissen, weshalb eine solche Annahme erforderlich ist.

Warum soll ich bedingungslos angenommen werden?

Der Grund ist, theologisch pauschal gesagt, weil du ein Sünder bist. Das aber ist allein Gottes Ansicht, durch Menschen vermittelt, nicht die des natürlichen Menschen, wie oben von Luther introspektiv dargelegt. Wenn jetzt erklärt würde: Weil er, Gott, der Schöpfer ist und du sein Geschöpf bist, besagt das immer noch nichts. Man kann das Argument des Paulus, dass ein Gefäß auch nicht den fragt, der es hergestellt hat, warum er es produziert hat, mit anderer Tendenz verwenden: Der Töpfer hat ein Gefäß hergestellt. Das ist gut so. Das Produkt braucht nicht nach seinem Produzenten zu fragen. Warum soll der Mensch nach Gott fragen? Antwort: Da Gott dich in seinem Zorn zur Verdammnis hergestellt hat, solltest du dankbar sein, dass er dich bedingungslos annimmt. Es muss mir somit vermittelt werden, dass ich es nötig habe, von Gott angenommen zu werden. Aber warum?

Gut evangelisch kann man antworten: Weil du gottlos bist.

Ja – und? Wozu brauche ich einen oder den Gott?

Weil du nicht nur sein Geschöpf bist, sondern auch deinen Schöpfer missachtest.

Aber warum muss ich ihn achten? Hat er es nötig? Soviel ich weiß, gibt es viele Menschen, die ihn nicht achten. Warum also ich?

Weil er alle geschaffen hat, will er auch von allen verehrt werden.

Wenn ich mich weigere, mich unter diesen Voraussetzungen annehmen zu lassen?

Dann wirst du in unabsehbarer Zeit die Quittung bekommen.[150]

Oder was antworten der Leser oder die Leserin, wenn das „Bedingungslos“ hinterfragt wird? Übertreibe ich? Ich meine, man hat als evangelischer Christ verinnerlicht, dass man Gott zu seiner Erlösung braucht. Es haftet mir etwas an, was mich stigmatisiert. Dieses Stigma weist mich als einen mit einem Fehler, womöglich mit einer Schuld aus. In jedem Fall ist es ein Schmerz, eine Kränkung, die mir zugefügt wurde und auf die ich nicht von selbst gekommen bin. Es stellt eine Beeinträchtigung meines Selbstwertgefühls dar, wenn mir gesagt wird: Deine Haltung, ja dein Leben entspricht nicht dem, wie du dein Leben führen sollst.[151] Das ist insofern ein Problem, da ich mit einem „Urvertrauen“ (Erik H. Erikson) auf die Welt gekommen bin. Dieses Urvertrauen besagt: Ich bin willkommen. Ich wurde erwartet und es gibt Menschen, die sich auf mein Kommen gefreut haben. Dieses Urvertrauen wurde in der vertrauensvollen Kommunikation zwischen Eltern und Kind weiterentwickelt. Zu diesem Urvertrauen hat sich aus soziologischer Sicht Niklas Luhmann geäußert.

[150] Siehe das oben zitierte Lutherwort, dass der Mensch nur wegen der Hölle Buße tut.
[151] Vgl. das oben zur Thematik: Identität als Nichtidentität Ausgeführte.

20. Niklas Luhmann und das Vertrauen[152]

Ich beziehe mich dabei auf die Monographie von Niklas Luhmann **Vertrauen** von 1973.[153] Während das Vertrauen in die eigene Fähigkeit und Sicherheit nach christlichem Verständnis auf die Seite menschlichen Rühmens zu schlagen und durch das Werk Christi als überwunden zu betrachten ist, macht N. Luhmann deutlich, dass menschlich-irdisches Vertrauen allem menschlichen Existieren zugrunde liegt und überhaupt nicht überwunden oder übergangen werden kann, ja nicht übergangen werden darf.

Vertrauen im weitesten Sinne eines Zutrauens zu eigenen Erwartungen ist ein elementarer Tatbestand des sozialen Lebens. Der Mensch hat zwar in vielen Situationen die Wahl, ob er in bestimmten Hinsichten Vertrauen schenken will oder nicht. Ohne jegliches Vertrauen aber könnte er morgens sein Bett nicht verlassen. Unbestimmte Angst, lähmendes Entsetzen befielen ihn. Nicht einmal ein bestimmtes Mißtrauen könnte er formulieren und zur Grundlage defensiver Vorkehrungen machen; denn das würde voraussetzen, daß er in anderen Hinsichten vertraut. Alles wäre möglich. Solch eine unvermittelte Konfrontierung mit der äußersten Komplexität der Welt hält kein Mensch aus.[154]

---

[152] In Vom Zorne Gottes habe ich unter Bezugnahme auf die Ausführungen R. Bultmanns zum Thema menschlicher Verfügbarkeit, der Sphäre des Fleisches, auf Martin Heidegger verwiesen, inwieweit es unmöglich ist, ohne Vertrauen auf menschliche Kommunikation, auf menschliches **Verstehen**, zu glauben. Jeder/ jede muss sich auf sein bzw. ihr Verstehen verlassen können. Sonst könnte man mit einer Predigt, einer Katechese oder einem Gebet überhaupt nichts anfangen. Diesem Angewiesensein auf menschliche Bedingungen vor allem Glauben, füge ich eine weitere Existentialie hinzu: **das Vertrauen.**

[153] Niklas Luhmann: Vertrauen/ Ein Mechanismus der Reduktion sozialer Komplexität, 3. durchgesehene Aufl. 1989

[154] N. Luhmann ebd. S.1

Der Mensch kann nicht anders als zu vertrauen. Er wird jedoch in seiner Alltäglichkeit darüber nicht reflektieren. Er vertraut auf die vom Abend zuvor gebliebene Situation. Nur wenn sich etwas geändert hat, erstaunt oder erschrickt er. Wenn also Vertrauen in eigenes Verstehen der evangelischen Botschaft oder in die Konstanz von Lebensbedingungen unerlässlich sind, wäre es notwendig, im Rahmen einer Relevanz für christliches Glauben in heutiger Zeit zu überlegen, ob die Trennung zwischen Geist und Fleisch mit all ihren Konsequenzen noch vertretbar ist. Vertrauen gilt in diesem Zusammenhang als zum Bereich, zur Sphäre des ‚Fleisches' gehörend. N. Luhmann beschreibt weiter die unverzichtbaren Bedingungen in menschliches Vertrauen. Seine Systemtheorie geht von einer Komplexität unserer Welt aus. Unsere Welt ist komplex, weil sie mehr Möglichkeiten zum Handeln bietet und zulässt, als in jedem einzelnen Fall ergriffen werden können. Man muss sich entscheiden, um handeln, um leben zu können. Bei diesen Entscheidungen für diese Möglichkeit und gegen jene, ist zwangläufig immer Vertrauen im Spiel. Man vertraut, die richtige Entscheidung getroffen zu haben. Das gilt auch ganz praktisch für Wahlen eines neuen Pastors, einer neuen Pastorin oder für einen neuen Gemeindevorstand. Selbst wenn einige mit der Wahl nicht einverstanden sind, so begleitet doch diese oder jenen ein Vertrauen, aufgebracht von Gemeindegliedern, damit sie ihre Arbeit beginnen und zum Erfolg führen können. Somit ist Vertrauen auch immer in die Zukunft gerichtet, in der der Erfolg sichtbar werden wird.

N. Luhmann korreliert Vertrauen und menschliche Gefühle generell. So ist die gefühlsmäßige Einbettung des Kleinkindes in seine Familie die Grundlage zur Weiterentwicklung seines Urvertrauens. Aber auch für spätere Kontaktaufnahmen in seiner Umwelt sind die erlebten Erfahrungen, sind seine Gefühle eine *Grundlage für ein Sicheinlassen auf Vertrauensbeziehungen zu anderen Menschen, auf die das Gefühl selbst sich nicht erstreckt.*[155] Vertrauen in die eigenen Fähigkeiten bei einer Kontaktaufnahme zu zunächst unbekannten Personen in seiner Umwelt ist für diese neuen Beziehungen förderlich.

In der Situation der Kommunikation gilt es, Vertrauen zu suchen und Vertrauen zu finden. N. Luhmann weist darauf hin, dass es dabei in jedem Fall zu einer Form von Selbstdarstellung kommt. Die Selbstdarstellung bietet Anhaltspunkte für die Bildung von Vertrauen dem, der vertrauen soll.[156] *Grundlage allen Vertrauens ist die Darstellung des eigenen Selbst als einer sozialen, sich in Interaktionen aufbauenden, mit der Umwelt korrespondierenden Identität,* schreibt N. Luhmann.[157] Diese Ansicht steht diametral zu jener oben beschriebenen Auffassung, nach der die christliche Identität eine Nichtidentität ist, so wie es Paulus in Gal 2,20 beschrieben und F. Portenhaus er im Anschluss an Paulus, Luther und R. Bultmann dargelegt hat. Auch hier ist wieder zu fragen, ob die Ansicht von einer christlich geforderten Nichtidentität, bei der nicht ich lebe, sondern Christus in mir, nicht an Überzeugungskraft verloren hat, weil die Beschreibung einer ‚vertrauensbildenden Maßnahme', wie sie N. Luhmann darlegt, differenziert und nachvollziehbar diesen Teil eines kommunikativen Geschehens analysiert.

Vertrauen, so wurde gesagt, bildet einen wesentlichen Anteil der Persönlichkeit, der Individualität, der Identität. Ich halte dies für eine Weiterführung jener Ansichten zur christlichen Subjektivität und Identität, wie sie oben im Anschluss an E. Troeltsch und U. Barth dargelegt wurden. Beide sprechen von der Gnade Gottes gegenüber dem Sünder. Die von beiden hervorgehobene Subjektivität des sündigen Menschen ermöglicht eine Unmittelbarkeit zu Gott. Die namentlich von U. Barth ausgesprochene Gewissheit des Individuums kommt durch das Predigt-

---

[155] A.a.O. S. 90
[156] A.a.O. S. 41
[157] A.a.O. S. 68

wort zustande. Sie wird von außen angeeignet. Im Gegensatz dazu bietet das menschliche Vertrauen im Zusammenspiel mit anderen Gefühlen eine innewohnende Sicherheit, die in der Kommunikation zum Tragen kommt und sich in ihr bewähren kann. Diese Kommunikation spielt sich nicht nur im menschlichen Miteinander ab. Sie bewährt sich ebenfalls in der geistigen Auseinandersetzung mit Gott auf Themenfeldern, die möglicherweise über die hinausgehen, die in der vorliegenden Arbeit erwähnt wurden.

21. Zusammenfassung

Das bisher Ausgeführte soll zusammengefasst werden, um dann Schlussfolgerungen daraus abzuleiten.

21.1 Luthers sola gratia, sola fide, solus Christus und sola scriptura sind in der Bedeutung, wie sie Luther verstanden hat, nicht zu wiederholen. Historisches Verständnis, nach Luther erschlossene Quellen sowie ein Weltverständnis, das sich über Renaissance, Humanismus und Aufklärung entwickelt hat, erfordern eine adäquate Bibelauslegung.

21.2 Der im alten Israel geglaubte und gelebte Polytheismus hat seine geschichtlich erkennbaren Auswirkungen gezeitigt. Der Anspruch Gottes, gerecht zu sein, lässt sich nicht aufrechterhalten. Wer seine Paargenossin und ihr Kultpersonal beseitigen lässt, ist nicht gerecht.

21.3 Der Anspruch Gottes, in der Geschichte wirksam zu sein, lässt sich paradox verstehen. Durch Belastung eines anderen mit seinen (Gottes) eigenen Un-Taten entwickelte sich ein Geschichtsverständnis, in dem der Satan zur Herrschaft kam und parallel dazu eine Erwartung auf Gottes Wiederkunft zum Glaubensinhalt wurde. Da diese Erwartungen enttäuscht wurden, entwickelte sich die Vorstellung von der Herrschaft des Teufels sowie die einer Angst vor der Hölle, wofür Luther ein hervorragender, exemplarischer Zeuge ist.

21.4 Die Botschaft Jesu ist unmittelbar mit seiner Wiederkunft und dem Endgericht Gottes verknüpft. Beide Erwartungen erfüllten sich nicht. Die Deutung des Todes Jesu als Stellvertretung für uns und als Gericht Gottes über die Menschen blieb lange Zeit eine plausible Erklärung und ein kräftig wirksamer Glaubensinhalt. Ihm zugrunde lag ein Sündenverständnis, nach dem der Mensch in seinem Begehren spüren konnte, dass er ein Sünder ist.

21.5 Es stellte sich im Laufe der Jahre heraus, dass der Kampf gegen die eigene Emotionalität erfolglos war. Selbst die Vorstellung, dass Christus in mir wohnt und lebt, somit nicht mehr ich mit meinen Ansprüchen, Bedürfnissen und Gefühlen, brachte nicht die versprochene Lösung.

21.6 Die aus der griechischen Philosophie stammende Ansicht, dass nicht der Einfluss dämonischer, göttlicher Kräfte das Leben des Menschen bestimmt, sondern sein in ihm wirksames Verhalten, setzte sich im Laufe der Jahrhunderte durch. Unser heutiges Weltverständnis ist nicht mehr geteilt in eine göttliche und eine irdische Welt.

21.7 Wenn die Vorstellung, dass der Mensch von der Sünde und dem Teufel versklavt wird, vergangen ist, ist der Mensch befreit introspektiv nachzuschauen, welche Gefühle er hat, die zuvor als unter der Herrschaft des Satans und der Sünde angesehen und geglaubt wurden.

22. Schlussfolgerungen

Zunächst sei auf den bereits zitierten Otto H. Pesch hingewiesen, der in seinem Buch: **Hinführung zu Luther**, folgendes geschrieben hat.[158]

Eine vorläufige These

Das Evangelium von der bedingungslosen Gnade Gottes, die uns in Jesus Christus erschienen und zuteil geworden ist, bleibt es selbst nicht durch die wörtlich zitierte Wiederholung, sondern durch die immer neuen Phasen der Auslegung (…).[159] *Luthers reformatorische Theologie ist eine solche neue Sprach- und Verstehensform des Glaubens an das Evangelium (…).*[160]

Das 20. Jahrhundert mit seinem historisch-reflektierendem Bewusstsein öffnete uns die Augen, dass *wir noch andere Möglichkeiten sehen und prüfen können.*[161] Diese Prüfung findet im aktuellen Zeitgeist statt. So wie Luther zwar in scholastischer Tradition aufwuchs und gebildet wurde, aber dann seine Unmittelbarkeit zu Gott und sein pro me entdeckte, so können wir heute in unserem Zeitgeist fragen, auf welche Weise und durch welche Sprachgestalt das Evangelium ausgesagt werden kann. Dazu sei eine Bemerkung R. Bultmanns aufgegriffen, auf die ich schon hingewiesen hatte. Er nimmt Bezug auf die Psychoanalyse, vergleicht sie mit der Bedeutung der historisch-kritischen Forschung und Methode für die Theologie und kommt zu dem Schluss, dass die Psychoanalyse *das Mißverständnis des Glaubens als einer Religiosität* (…) *zerstören* kann, womöglich radikaler als die historisch-kritische Methode dies vergleichsweise bei der Jungfrauengeburt und beim leeren Grab konn-

---

[158] O. H. Pesch: Hinführung zu Luther. Mit einer Einleitung von Volker Leppin, Ostfildern 2017, 4. Aufl., 1. Aufl. 2004

[159] Ebd. S. 5

[160] Ebd. S. 51

[161] Ebd. S. 53

te.[162] R. Bultmann will damit nicht sagen, dass jetzt die Psychoanalyse oder die Psychologie die entscheidenden Wissenschaften sind, derer die Theologie bedarf. Doch ist es überraschend, dass er der Psychoanalyse zutraut, das Missverständnis des Glaubens als Religiosität zerstören zu können. In unserem Zeitgeist spielen die Psychologie und die Psychoanalyse eine entscheidende Rolle, zusammen mit der Welt- und Menschenbetrachtung, die erstmals durch Heraklit geäußert wurde. Die Psychoanalyse wird fundiert und geleitet von einer Introspektion des Menschen. Auf diese Introspektion soll es ankommen, auf sie nehme ich Bezug.

Es sei eingesetzt bei dem Anspruch und dem Gefühl des Menschen, das traditionell als menschliche Hybris angesehen und beurteilt wird: Das Verlangen des Menschen, mit Gott rechten zu wollen, sich mit ihm auseinandersetzen zu wollen oder gar sein zu wollen wie Gott.

Dazu sei noch einmal aus Luthers Thesen zur Disputation mit scholastischer Theologie zitiert:

These 17: Der Mensch kann von Natur aus nicht wollen, dass Gott Gott sei.

These 18: Vielmehr wolle er, dass er Gott und Gott nicht Gott sei.[163]

Ich vertrat weiter oben die Ansicht, dass Luther eine solche Aussage: Der Mensch kann nicht wollen, dass Gott Gott sei, nur treffen konnte, nachdem er dieses Gefühl, diesen Anspruch gespürt hatte. Zumindest könnte er wahrgenommen haben, dass er sein Denken und Fühlen mit

---

[162] R. Bultmann: Theologische Enzyklopädie, hg. von Eberhard Jüngel u. Klaus W. Müller, Tübingen 1984, Anhang 3, Wahrheit und Gewißheit, S. 183-205, S. 204

[163] Martin Luther: Thesen zur Disputation mit scholastischer Theologie, S. 23; für N. Slenczka: Neid, ein Beleg für den Neid des Menschen auf Gott und für seine *ohnmächtige menschliche Hybris*, S. 185.

Gottes Handeln vergleicht. Wenn man einwendet, dass der sterbliche Mensch sich nicht mit dem unsterblichen Gott vergleichen kann, sei entgegnet, das dies genau das Problem ist: Unsere Gefühle sind nicht mit unserer Rationalität kompatibel. Sie übersteigen unsere Möglichkeiten. Das besagt nicht, dass sie nicht zulässig sind. Sie sind vorhanden und verschaffen sich ihre Wahrnehmungsmöglichkeiten. Das gilt auch für Allmachtphantasien oder Gottähnlichkeitsgefühle. Ein paar Beispiele seien zur Verdeutlichung genannt:

22.1 Der Schöpfungsbericht Genesis 1 ist davon geprägt, dass Gott spricht. Und wenn er gesprochen hat, geschah es. Wer Kinder hat, kennt die Erfahrung und das Gefühl, dass man nur zu sagen braucht, was sie tun sollen und sie tun es. Kinder tun das, was der Erwachsene sagt, nicht aus Einsicht, sondern weil sich in der Beziehung zwischen Mutter/ Vater zum Kind eine vergleichsweise religiöse Bindung abspielt. Der Erwachsene genießt quasi göttliche Verehrung. Warum sollte sonst ein Kind das tun, was die Mutter oder der Vater sagen? Natürlich folgen sie dem Wort nur so lange, bis sie eines Tages einen eigenen Willen, gespeist vom erwachenden Verstand, besitzen und es nicht mehr tun. In diesem Augenblick sollte der, der etwas gesagt hat, sich introspektiv beobachten, wie er reagiert, wenn das Kind nicht folgt. Man hatte ja verinnerlicht, dass man „das Sagen" hat. Wenn das Kind nicht folgt, ist es geläufig, die Aufforderung zu wiederholen, u.U. dies mit etwas Nachdruck. Oder man fragt: Hast du nicht gehört? Der Hintergrund der Frage ist, dass der Erwachsene erwartet, dass schon bei der ersten Forderung gehorcht wird.

Angenommen, das unfolgsame Kind antwortet: Ja, ich habe gehört – na und?

Wie reagiert der Erwachsene darauf?

Oder der Erwachsene sagt: Muss ich alles zweimal sagen?

Antwort: Auch wenn Du es dreimal sagst – ich mache es nicht.

Diese Szenen sind kaum in der Realität vorstellbar. Dennoch signalisieren sie, verdeutlichen sie den Anspruch der Erziehenden, derer, die das Sagen haben. Ich vergleiche die Haltung dieses Sagens mit der Gottes, der spricht - und es geschieht. Hier steht im Hintergrund die Allmacht Gottes und sein Schöpfertum. Das, meine ich, kommt in der Beziehung zwischen Erwachsenen und Kind zum Tragen. Dazu Walter Benjamin:

Diese göttliche Gewalt bezeugt sich nicht durch die religiöse Überlieferung allein, vielmehr findet sie mindestens in einer geheiligten Manifestation sich auch im gegenwärtigen Leben vor. Was als erzieherische Gewalt in ihrer vollendeten Form außerhalb des Rechtes steht, ist eine ihrer Erscheinungsformen.[164]

Als Elternteil kann man nicht anders, als zeitweise seine Gottähnlichkeitsphantasie auszuleben. Man muss es sogar. Es ist ja eine Gegenseitigkeit: Das Kind kann nur ganz beruhigt sein, wenn die Mutter, der Vater oder wer auch immer, sich wie Gott verhalten: Sie bringt das Kind als Schöpferin zur Welt, sie beide (oder drei) schützen es, sie nähren es, sie pflegen es, sie sollten sich ihm dann auch in der Auseinandersetzung bei der Reifung und beim Erwachsenwerden stellen. Das passiert dann, wenn die als religiös qualifizierte Bindung zwischen Erwachsenem und Kind durch den Verstand des Kindes infrage gestellt wird.[165]

---

[164] Walter Benjamin: Zur Kritik der Gewalt, Gesammelte Schriften II,1, hg. von Rolf Tiedemann und Hermann Schweppenhäuser, Frankfurt/ M. 1977, 2. Aufl. 1989, S. 179-203, S. 200; ich kann leider nicht mehr sagen, von wem ich diesen Literaturhinweis bekommen habe.

[165] Friedrich Nietzsche schreibt in: Also sprach Zarathustra, im Kapitel: Auf den glückseligen Inseln: *Aber daß ich euch ganz mein Herz offenbare, ihr Freunde: wenn es Götter gäbe, wie hielte ich's aus, kein Gott zu sein! Also gibt es keine Götter,* Berlin o.J., S. 103. Nietzsches Schluss legt zumindest nahe, dass er ein Gottähnlichkeitsgefühl gespürt hat. Den Hinweis auf dieses Nietzsche-Zitat verdanke ich Michael Teller.

Dieser Auseinandersetzung zwischen Mensch und Gott hat er - Gott - sich allerdings bisher entzogen. Das beste Beispiel ist die Geschichte Hiobs. Dazu gleich etwas ausführlicher weiter unten!

22.2 Zuvor möchte ich mich noch einmal den beiden miteinander verglichenen Stellen von 2. Samuel 24 und 1. Chronik 21 zuwenden.

2. Sam 24,1 Und der Zorn des Herrn entbrannte abermals gegen Israel, und er reizte David gegen das Volk und sprach: Gehe hin, zähle Israel und Juda.

1. Chronik 21,1 Und der Satan stellte sich gegen Israel und reizte David, dass er Israel zählen ließe.

Es handelt sich darum, dass einer, der eine Tat begangen hatte, einem anderen diese Tat anhängt. Auch wenn diese Umschreibung schriftgelehrte Theologen vorgenommen haben, so war und ist Gott Nutznießer dieser Umschreibung. Er hat dagegen keinen Einspruch erhoben. Er hat es zugelassen, dass weitere Texte umgeschrieben wurden, um ihn zu entlasten, wie oben gezeigt. Das ist ein Unrecht. Die Leserschaft wird jetzt aufgefordert, sich zu positionieren: Für wen ergreift man Partei? Der Satan ist unschuldig, aber Gott ist Gott. Es gilt das spontan einsetzende Gefühl wahrzunehmen und zu prüfen. Ergreift man für den Unschuldigen oder für den Allmächtigen Partei? Es ist nicht nur eine Frage des Rechts, sondern auch eine des Gefühls. Wer für die Unschuld des Satans eintritt, könnte folgendes in Anspruch nehmen:[166]

- auf Augenhöhe mit Gott sprechen zu wollen;

[166] In Vom Zorne Gottes ging es mir bei dieser Stelle darum zu zeigen, wie sich aus dieser Neuschreibung des früheren Textes eine andere Geschichtssicht entwickelte, da in der Folge auch weitere alttestamentlichen Texte umgeschrieben wurden. Nach meiner Ansicht kann man nur mit Zorn reagieren, wenn einem Unschuldigen – und wenn es Satan persönlich ist – Unrecht widerfährt. Das Unrecht hatte ja seinen Ursprung bei Gott. Die Entscheidung dazu kam also von höchster Instanz.

- die aktuelle Situation besser als er beurteilen zu können;

- ihn - Gott - für die Folgen verantwortlich machen zu können einschließlich der Angst Luthers vor dem zum Gericht kommenden und strafenden Gott.

Der Anspruch ist maßvoll. Das Maß ist die Gerechtigkeit und die Kenntnis des Gebotes, das man keine Falschaussage machen darf.

Luther schreibt dazu in seiner Schrift: **Eine kurze Form der Zehn Gebote, eine kurze Form des Glaubens, eine kurze Form des Vaterunsers** von 1520, in Auslegung des 8. Gebotes:

Gegen das achte.

Wer vor Gericht die Wahrheit verschweigt und unterdrückt.

Wer unheilvoll lügt und betrügt. (...)

Wer nicht den bestraft, der üble Nachrede führt.

Wer nicht alles Gute über jedermann sagt und über alles Böse schweigt.

Wer die Wahrheit verschweigt oder sich nicht an sie hält.[167]

Gut, man könnte sagen: Luther legt ein Gebot aus dem Dekalog aus, das in seiner eigentlichen Fassung nur lautet (Exodus 20,16):

Du sollst nicht als ein Lügenzeuge gegen deinen Nächsten aussagen.

---

[167] Martin Luther: Eine kurze Form der Zehn Gebote, eine kurze Form des Glaubens, eine kurze Form des Vaterunsers, 1520, übertragen von Thorsten Engler in: Deutsch-deutsche Studienausgabe, Band 1, hg. von Dietrich Korsch, Leipzig 2012, S. 317-361, S. 331

Damit ist eindeutig eine Gerichtssituation angesprochen. Es wird ein Zeuge aufgefordert, nichts Unwahres gegen seinen Nächsten auszusagen. Wer sich auf diese Position zurückzieht, erlaubt, dass außerhalb dieser Gerichtssituation die Unwahrheit gesagt werden darf. Diese Auslegung scheint aber sich von selbst zu verbieten. Oder man kann einwenden: Nicht gegen irgendwen soll etwas Falsches ausgesagt werden. Es wird ausdrücklich der Nächste genannt. Der Satan von 1. Chronik 21 ist aber kein Nächster. Dann darf mit Gottes Billigung gegen einen anderen, gegen einen Fremden die Unwahrheit gesagt werden. Das dürfte sich ebenfalls von selbst verbieten. Denn die Folgen dieser Falschaussage sind bis heute zu spüren. Diese Überlegungen, diese Einwände und Befürchtungen können dazu dienen, sich über den eigenen Mut, die eigene Risikobereitschaft, das eigene Anspruchsniveau und das eigene Geltungsbedürfnis klarzuwerden. Es gehört Mut und ein gewisses Risiko dazu, vor Gott zu treten, um ihn zu sagen, dass im Laufe der Geschichte ein anderer für die 70.000 israelitischen Toten, die er – Gott – zu verantworten hat, einstehen musste und noch einstehen muss: 2. Sam 24,15.

Es ist verständlich, dass man eine solche Stelle mit einer solchen Aussage tilgen oder eben einem anderen anhängen wollte, so wie es verständlich ist, dass man solange auch vor Gericht lügt, bis es nicht mehr geht. Diese 70.000 Israeliten hatten nichts Schuldhaftes getan. Sie waren unschuldig wie der Satan. Ursache war der unbegründete, willkürliche Zorn Gottes. Ohne Widerspruch kann man historisch-kritisch argumentieren, dass es unwahrscheinlich ist, dass 70.000 Israeliten auf einen Schlag an der Pest gestorben sein können; dass es eigentlich um das Ziel geht, einen Platz für den Tempelbau zu finden (2. Sam 24, 24-25) und somit die Toten als Statisten dienen; dass solche Zahl nur als symbolisch gelten kann. Das alles mitgerechnet: Welche Gefühle werden wach, wenn 70.000 Unschuldige getötet werden?

Eine im Gefolge der Reformation entwickelte Emotionalität in Gemeinschaft mit einer mit sich identischen Persönlichkeit kann auf das dargelegte Unrecht verweisen und seinen Geltungsanspruch, mit Gott auf Augenhöhe sprechen zu wollen, realisieren.

22.3 Eine weitere Möglichkeit, seine eigene Emotionalität an biblischen Texten zu prüfen und zu entwickeln, sind Warum-Fragen. Hiobs Klage in Kapitel 3 ist geprägt durch Warum-Fragen:

Warum bin ich nicht gestorben im Mutterschoß?

Warum bin ich nicht umgekommen, als ich aus dem Mutterleib kam? usw. [168]

Hiobs Antwort in 3,13: Dann läge ich da und wäre still, verrät, dass es Hiob besser weiß. Denn ‚warum' wirkt auf den ersten Blick so, als wüsste man tatsächlich keine Antwort, möchte sie jedoch gerne wissen. Hiob aber vergleicht seinen Wunsch, seine Idee zur Lösung seines Problems mit Gottes Lösungsangebot: Hiob in seiner Qual belassen.

Wenn Alfred Jepsen in seinem Artikel zur Warum-Frage im Rahmen biblischen Denkens bleibt, so deutet er doch darauf hin, dass in der zur Klage gehörenden Warum-Frage der Klagende oder die Klagenden ihre Situation vergleichen mit dem, was Gott ihnen verheißen hat. A. Jepsen schreibt:

Das menschliche „Warum" an Gott ist zu allermeist (46mal) mit lamah (erg. hebr. warum, DK) *eingeleitet, d.h. es ist die vorwurfsvolle Frage, mit der die Gemeinde oder ein einzelner vor Gott treten. Dabei ist dieser Vorwurf zunächst wohl immer hervorgerufen durch den Widerspruch göttlicher Verheißung und Berufung einerseits, göttlichem Han-*

---

[168] *Die Warum-Frage hat den Charakter einer Entgegnung oder Zurückweisung, fast eines Vorwurfs,* so C. Westermann zu Gen 18,13, in: BK I,1, S. 341.

deln andererseits.[169] Der Klagende nimmt diesen Widerspruch war, kann ihn aber nicht verbalisieren.

Auch hier wird versucht, auf Augenhöhe mit Gott zu sprechen. Dies geschieht aus dem Gefühl und der Überzeugung heraus, dass man es besser weiß. Man kennt die Verheißung Gottes und korreliert sie mit seinem Handeln. Beides stimmt nicht überein. Woher auch immer der Impuls kam, eine Warum-Frage zu stellen, entscheidend ist, dass sich hinter ihr in den meisten Fällen bereits eine Antwort verbirgt. Diese Antwort auszusprechen wird in den meisten Fällen von Gott verwehrt. Gegen diese theologisch begründete Unzulässigkeit von Fragen gilt es, sich emotional stark zu machen. Es liegt das Gefühl zugrunde, es besser zu wissen, Recht zu haben. Das besagt nicht, dass dieser Anspruch stets zutrifft. Es besagt, dass das Bedürfnis, Recht haben zu wollen, ein wichtiges menschliches Bedürfnis ist, auch angesichts Gottes. Das ist das Entscheidende. Dieses Bedürfnis kommt auch in der Konkurrenzsituation zum Tragen.

22.4 Das Konkurrieren zwischen Menschen ist eine Alltäglichkeit. Das Gefühl des Konkurrierens mit dem Ziel, der oder die Überlegene zu sein, ist jedoch noch nicht innergemeindlich alltagstauglich. Dazu eine These:

Hinreichend viele Partnerschaften könnten bestehen bleiben, wenn die jeweiligen Partnerinnen und Partner ihr Geltungsbedürfnis und ihren Anspruch, um den sie konkurrieren, kennen würden.

Das Problem beginnt damit, dass die gegenseitige Liebe verhindert wahrzunehmen, dass man nicht nur liebt und geliebt werden möchte, sondern dass gleichzeitig der Anspruch mitläuft, der wichtigere Teil in

---

169 Alfred Jepsen: Warum? Eine lexikalische und theologische Studie, in: Aufsätze zur Wissenschaft vom Alten Testament, Berlin 1978, S. 230-235, S. 231f

der Beziehung zu sein. (Eigentlich müsste die Partnerin glücklich sein, dass sie mich gekriegt hat. Aber warum zeigt sie das nicht deutlicher?) Das schlägt sich schon nieder in einem Streit, bei dem das eigene Argument mehr Gewicht haben soll, als das der Gegenseite. In das Geltungsbedürfnis mischt sich dann auch das Bedürfnis nach Macht, der Wunsch die oder der Stärkere zu sein. Dass in einem Streit auch Verletzungen aus der vergangenen und zurückliegenden gemeinsamen Zeit wirksam werden, kann jetzt vernachlässigt werden. Es geht um das Gefühl nach Geltung und nach Macht. Solange eine unausgesprochene und unreflektierte Rollenverteilung in einer Partnerschaft ihre Tragfähigkeit besitzt, wird es zu keinem Streit kommen: Du kriegst die Kinder und machst den Haushalt, ich verdiene das Geld. Wenn es jedoch zum Streit kommt, ist zu fragen, welche Bedürfnisse sind bis jetzt zu kurz gekommen? Bei dieser Frage können zu kurz gekommene sexuelle Bedürfnisse auch erst einmal vernachlässigt werden. Im Vordergrund werden das Gefühl und das Bedürfnis nach Geltung und nach Macht stehen, Gefühle, die landläufig nichts in der Liebe zu suchen haben. Aber sie haben. Die Liebe erlischt nicht von selbst. Es sind die unerfüllt gebliebenen Erwartungen, die man gegeneinander gehabt hat und die sie, die Liebe, ermatten und verschwinden ließen. Sie kennenzulernen ist schwer. Noch schwerer ist es, sie dem Gegenüber einzugestehen.[170]

Ich rechne damit, dass tatsächlich Partnerschaften länger bestehen bleiben könnten, wenn der eigene Anspruch und das eigene Geltungsbedürfnis ausreichend bekannt wären. Das klingt paradox. Die Paradoxie löst sich auf, wenn beide Beteiligte feststellen, dass sie die gleichen

---

[170] *All das schließt Ehekonflikte keineswegs aus, gibt ihnen aber einen bestimmten Schwerpunkt, der nicht auf der Ebene des unmittelbaren Dissenses über Welt, sondern auf der Ebene des Erwartens von Erwartungen liegt. (...) Relevant wird ein Streit in solchen Fällen nicht in der Frage, was ist, sondern in der Frage, welche Erwartungen man in bezug auf die Erwartungen des anderen hegen kann,* so N. Luhmann in: Liebe/ Eine Übung, Frankfurt/ M., 2008, S. 60. N. Luhmann sieht ebenfalls in einem oberflächlichen Streit das Dahinterliegende als den eigentlichen Konfliktstoff.

Bedürfnisse haben und ausagiert haben oder dass ihre Erwartungen nicht kompatibel waren, oder kompatibel waren, aber man hat sich vor dem Partner gescheut, sie mitzuteilen. Wer bereits seine Konkurrenzsituation Gott gegenüber bemerkt hat, wird es nicht schwer haben, vergleichbare Gefühle auch in der Partnerschaft wahrzunehmen. Sie aber dann auch auszusprechen, ist erheblich riskanter.

Generell lässt sich sagen, dass ein starkes Hindernis, eigene Gefühle wahrzunehmen, folgende Einwände darstellen: Der Mensch kann nicht mit Gott konkurrieren; man kann nicht immer nur Recht haben wollen; man kann sich mit seinem Geltungsanspruch nicht immer in den Mittelpunkt stellen.

22.5 Zu der Konkurrenz mit Gott habe ich mich oben geäußert. Hinsichtlich der beiden letztgenannten möchte ich folgendes anmerken: Man kann nicht und man soll auch gar nicht immer Recht haben wollen. Die Betonung liegt auf ‚immer'. Aus folgenden Gründen: Jeder Mensch hat gleichzeitig auch andere Bedürfnisse, Gefühle, Erwartungen, die ebenfalls Anspruch auf Befriedigung haben.

Hingabebedürfnis: Damit ist nicht die Hingabe als Ausdruck christlicher Nächstenliebe gemeint, sondern die Hingabe an die Partnerin, den Partner. Man kann sich gehen lassen, kann sich schwach zeigen, kann sich der Wollust hingeben.

Neugier auf die Gefühle der Partnerin, des Partners: Sie kennenzulernen bedarf es Zeiten der Nähe, der Intimität, der Offenheit.

Bedürfnis, eigene Gefühle auszubreiten und Verständnis für sie zu erhalten: Auch das geht nur in Zeiten der Nähe, der Intimität und der Offenheit.

Geheime, erst nach und nach entdeckte Erwartungen in Bezug auf das Gegenüber: Sie mitzuteilen ist in einer Konkurrenzsituation unmöglich. Dazu braucht man Zweisamkeit und Ruhe.

Es dürfte deutlich geworden sein, dass zwar das Konkurrieren, das Zeigen von Stärke, vordergründig schneller sichtbar werden. Eine Zufriedenheit des Menschen ist nur erreichbar, wenn alle Gefühle und Bedürfnisse des Menschen ihre Befriedigung finden.

Ich plädiere dafür, dass alle menschlichen Gefühle akzeptabel und wahrzunehmen sind. Ohne Zweifel sind manche unangenehm wie der Neid oder die Eifersucht oder der Stolz. Aber sie gehören zum Menschsein dazu. Da auch das Begehren dazu gerechnet wird, gibt es ein erhebliches Problem. Sünde und Begehren gehören seit jeher im christlichen Glauben zusammen. Die Sünde produziert das menschliche Begehren, das Begehren zeigt mir an, dass ich in die Sünde verstrickt bin, Röm 7,7. Und im Prinzip ist ein Christentum nur denkbar und verkündbar, wenn von der Sünde gesprochen wird und von dem durch Jesus Christus erfolgreichen Erlösungswerk. Das im Neuen Testament beschriebene Sündenverständnis besitzt den Charakter einer metaphysischen Wirklichkeit. Teufel und Sünde gehören zusammen. Der Teufel wird beschrieben als ursprünglich göttliches Wesen, das nun seine göttlichen Kräfte zur Verführung des Menschen benutzt. Ich habe oben die Ansicht vertreten, dass der Teufel nur durch den Rückzug Gottes aus der weltlichen Wirklichkeit seine Macht zugesagt bekommen hat. Das ist das eine. Das andere ist, dass unsere Wirklichkeit inzwischen eine säkularisierte, durch Humanismus und Aufklärung entzauberte Wirklichkeit geworden ist. Um heute die menschliche Verfallenheit in Sünde und die Notwendigkeit einer Erlösung von ihr zu verkündigen, muss man – und das wurde auch zum Reformationsjubiläum 2017, soweit ich sehe, beibehalten – dieses antike Weltbild mitverkündigen.

Ziel einer christlichen (nach protestantischem Verständnis) Verkündigung ist die Befreiung des Menschen von seiner Verstrickung in die Sünde. Da diese Verkündigung mit dem heutigen Weltbild divergiert, wäre zu fragen, ob nicht auch auf andere Weise der Mensch befreit wird, befreit werden kann. Vorschlag: Heutige Verstrickung ist eine Verstrickung in die menschlichen Emotionen, die durch Unkenntnis, zumindest mangelnde Kenntnis der menschlichen Emotionalität entsteht.

Ich plädiere dafür, dass reformatorisches Denken und Glauben sich darin ausdrücken, dass die Emotionalität

- erstens von der Sünde befreit,

- zweitens zu einer ihrer Hauptaufgaben gemacht wird.

Dabei wird folgendes berücksichtigt: Der reformatorische Aufbruch Luthers, weg von einer Priester dominierten Kirche und Verkündigung, hin zu einem Individuum, dem er sagt: Glaubst du, dann hast du, stellt vergleichsweise einen ähnlichen Schritt dar wie der von einer Predigt dominierten, auf die Heilige Schrift gestützten Kirche und ihrer Verkündigung hin zu einer Gemeinde von individuellen Glaubenden, die nicht nur historisch-kritisch die Bibel lesen können, sondern auch zur Kenntnis genommen haben, was an Schrifttum, an Bildern, an archäologischen Kenntnissen und an Methoden, biblische Texte zu lesen, hinzugewonnen wurde. Sie, die Glaubenden, können sich über emotionale Erlebnisse austauschen, über gefühlsbedingte Konflikte verständigen oder zu kurz gekommene Befriedigung eigener Bedürfnisse beraten. Dazu weiter unten gleich 2 Beispiele.

Welche Rolle spielt dabei Gott?

Zu den biblischen Texten, die oben erwähnt wurden, müssen grundsätzlich alle weiteren Texte, die Auskunft über die Geschichte Gottes mit seinem Volk und weiteren Völkern geben, berücksichtigt werden können. Mit ihm und seiner Rolle in der Geschichte Israels und des Christentums weltweit gilt es sich auseinanderzusetzen. Dabei muss spürbar werden, wann man innerlich aufspringt, um Gott zu verteidigen und dadurch bereit ist, Streit zwischen Menschen zu entfachen. „Gott mit uns“ steht am Völkerschlachtdenkmal in Leipzig, 1913 eingeweiht zur Erinnerung an die Völkerschlacht 1813. Der Spruch stand auch auf Koppelschlössern deutscher Soldaten, die 1914 gegen andere christliche Völker in den Krieg zogen. Bedenkenswert ist auch, dass Gott als Schöpfer eine relativ kurze Vergangenheit besitzt. Erst nach der Exilierung der judäischen Israeliten wurde er wirkungsvoll von jenem Propheten in Babylon verkündigt, den wir als Deutero-Jesaja bezeichnen.

Die wichtigste Rolle Gottes ist es jedoch für jeden und für jede, der persönliche Gott zu sein, mit dem man sich auseinandersetzen kann. Dafür bietet der Vergleich 2. Samuel 24 mit 1. Chronik 21 den besten Beginn. Man selbst spürt die Angst vor der Kritik an Gott. Doch wenn man es schafft, den unschuldigen Satan zu verteidigen angesichts Gottes, wachsen einem die Kräfte, um sich auf die Seite anderer zu stellen: auf die Seite Hiobs, Ascheras, Israels als Braut (Hosea 2). Wenn man einmal die Dimension dieser Gerechtigkeit entdeckt hat, werden weitere Texte auftauchen, für die man sich stark machen kann.

Welche Rolle spielt Jesus?

Jesus von Nazareth wurde durch die Verkündigung seiner Anhänger nach seinem Tod am Kreuz, dass er lebt, zum Christus. Auf seine angekündigte Rückkehr wurde jahrelang gewartet. Mit den Schmerzen der Enttäuschung derer, die sich fest auf die Zusagen verlassen haben, dass er bald wiederkomme, müssen wir uns solidarisieren. Das ist schwer, wie auch sonst jede Trauerarbeit schwer ist. Die angekündigte Wiederkunft hat lange Zeit das Denken und Glauben seiner Anhänger dominiert.

Jesus hat in seiner Verkündigung polarisiert, auch Unfrieden und nicht nur Frieden gestiftet. Er hat aber auch jahrhundertelang Menschen beflügelt, seine Botschaft von der Befriedung der Menschen untereinander weiterzutragen. Sie haben bis zur Selbstaufgabe diese Botschaft geglaubt und verteidigt. So sind Gleichnisse / Beispielgeschichten Jesu noch immer Texte, die sich hervorragend auslegen lassen, zB die Geschichte vom barmherzigen Samariter (Lk 10, 29-37). Beim Gleichnis vom verlorenen Sohn (Lk 15, 11-32) muss man den älteren Bruder im Blick behalten. Er wird vom Vater beschämt, weil er sich nicht über das Verhalten des Vaters bei der Rückkehr des Bruders freuen kann. Die beschriebene gefühlsmäßige Reaktion des Älteren, die aus Zorn, der Vers 28 erwähnt wird, Eifersucht und Neid besteht, ist unbedingt zu akzeptieren. Es sind nachfühlbare Reaktionen. Hier sind bibliodramatische Formen zur Verdeutlichung des Geschehens angebracht. Man kann in dem Zusammenhang fragen, ob der Vater nur so großzügig sein kann, weil er den Älteren demütigt und beschämt. Jesus dient aber auch als Partner für Auseinandersetzungen um der Gerechtigkeit willen. Seine Diskriminierung der Sadduzäer (Mk 12,18-27) sollte von uns zurückgewiesen und ihr Anliegen gerechtfertigt werden.

Welche Rolle spielt der Heilige Geist?

Er ist durch den Wechsel vom antiken Weltverständnis zum neuzeitlichen abhandengekommen. Wer meint, dass wir auf den Heiligen Geist, weil er im Glaubensbekenntnis oder in der Liturgie vorkommt, nicht verzichten können, muss erklären, warum nicht. Es reicht nicht, ein Bekenntnis zu wiederholen, um es auf diese Weise glaubhaft zu machen. Dem widersprach schon Luther.

Welche Rolle spielt die evangelische Predigt?

Zu Luthers Zeiten war sie unaufgebbar, ja sie fand recht eigentlich erst zu ihrer Form. Es galt, viel über die Bibel und den Glauben zu informieren. Das gilt im Prinzip auch heute noch, doch sind die Verhältnisse gänzlich andere. Biblische Texte sind zusammen mit sie betreffenden anderen Texten zu korrelieren und zu diskutieren. Das kann keiner allein. Und natürlich sind die Erfahrungen der Einzelnen mit ihren Gefühlen Predigtthema.

Wenn aber die Gemeinde tatsächlich in ein gottesdienstliches Geschehen einbezogen wird, ist es vorstellbar, dass die Teilnehmerinnen und Teilnehmer so angetan und erfüllt sind, dass sie es kaum erwarten können, bis der nächste Gottesdienst stattfindet – wie M. Käßmann es vor Augen schwebt. Eine konventionelle Predigt scheint mir dazu nicht in der Lage zu sein. Zu diesen vorstellbaren neuen Gemeindeformen zwei Beispiele.

1. Beispiel: Ich hörte von einer Gemeindegruppe, die sich mit dem Ziel zusammenfindet, das je eigene Leben aufzuschreiben und dann in der Gruppe vorzulesen. Es sind alles Seniorinnen und Senioren, die auf ein langes Leben zurückblicken können. Das, was dann die einzelnen vorlesen, wird nicht bewertet. Nur so konnte der Mut entwickelt werden, auch Unerwartetes, Anstößiges, „Sündhaftes“ mitzuteilen. Ich hörte auch, dass es mitunter schmerzlich-befreiend war, wenn Zurückliegendes mitgeteilt und mit Verständnis aufgenommen wurde. Diese Art Lebensbeichte kann mit der früheren Funktion einer Beichte verglichen werden. Solche Gruppen sind auch für jüngere Generationen denkbar. Es wäre eine Realisierung des reformatorischen „Priestertums aller Gläubigen“.

2. Beispiel: In einer anderen Gemeinde gibt es ein Kurs-Angebot für Eltern pubertierender Kinder. An 5 Abenden sollen spezielle Themen wie „Achtsamkeit“ behandelt und praktiziert werden. Der Kurs kostet 65,- €. Mir ist nicht bekannt, auf welches Interesse ein solches Angebot stößt. Ich finde es sehr gut, bloß sollte es nichts kosten, wenn in einer Kirchengemeinde lebensnotwendige Dinge vermittelt und erworben werden können. Nicht alle Gemeindeglieder können sich solche Beitragskosten leisten.

‚Achtsamkeit‘ und ‚Achtsamkeitstraining‘ gewinnen deutlich an Zuspruch – mit Recht. Auch hier gilt als eines der Prinzipien wie in der zuvor erwähnten Gruppenarbeit: nicht werten. Um herauszufinden, was sich zwischen Eltern und ihren in die Pubertät gelangenden Kindern abspielt, darf prinzipiell nicht gewertet werden, also hat die Kategorie „Sünde“ hier nichts zu suchen.

Welche Rolle spielt die Bibel mit ihren beiden Testamenten?

Sie ist eine unersetzliche Sammlung von Schriften, die, grob gesagt, belegen, dass der Mensch unter Zuhilfenahme Gottes sich von natürlichen Fesseln und gesellschaftlichen Zwängen allmählich befreit. Eine der wichtigen Zäsuren war die Überwindung des Zwanges, nach der die Geburt entschied, ob man dazu gehört oder nicht. Diese Befreiung verdanken wir Paulus. Dass sie nicht ausreicht, belegt der im Mittelalter wuchernde Teufels-, Dämonen- und Höllenglaube. Luthers Befreiung des Menschen von der diesen Höllenglauben garantierenden Autorität seiner Kirche, war ein weiterer wichtiger Schritt auf dem Weg zum Individuum und seiner Subjektivität. Die spätere Erkenntnis einer Komplizenschaft von Sünde und Emotionalität des Menschen und einer sie bedingenden Fesselung statt Befreiung des Menschen, lässt an eine neue Zäsur denken, nach der bestimmte Gefühle von ihrer als sündig bezeichneten Diskriminierung befreit werden.

Ob andere Heilige Schriften, andere Religionen vergleichsweise so etwas leisten können, kann ich nicht beurteilen. Die Schriften der Bibel im Zusammenwirken mit anderen Quellen und Auslegungsmethoden vermögen es.

Welche Rolle spielt die Kirchengeschichte?

Man kann ihre Quellen und Dokumente lesen als eine Entwicklungsgeschichte parallel zur profanen Geschichte und ihrer geistig-philosophischen Entwicklung. Hält man das Weltverständnis, das als einheitliches sich heute darstellt, für besser als jenes, das mit Teufel und Dämonen einschließlich Exorzismen gerechnet hatte, so bietet auch die Kirchengeschichte eine Entwicklung hin zu einem Kirchenverständnis, in dessen Zentrum das Individuum steht.

Sind diese letzten Auffassungen christlich im protestantischen Sinn?

Ja und nein.

Nein: Man darf göttliche Demütigungen nicht als solche bezeichnen. Das ist traditionell nicht christlich. Gottes Göttlichkeit darf in keinem Fall auf den Prüfstand gestellt werden. Sein Wirken in der Geschichte muss auch heute vertreten und erklärt werden. Luthers Lehre vom verborgenen Gott (deus absconditus) lässt sich wiederholen, auch wenn für die üblen Geschehnisse in der Welt der Teufel als Ursache benannt werden muss. Der Gott der frühen Jahre darf nicht mit seiner Paargenossin Aschera zusammengedacht werden.

Ja: Man kann nur von Gott reden, wenn man von sich selbst redet, sagt R. Bultmann. Wörtlich: *Will man von Gott reden, so muß man offenbar von sich selbst reden.*[171] Er meint es jedoch in dem Sinn, dass man nach Gott fragt und dass die Antwort in einem konkreten Bezug zum fragenden Menschen stehen muss. Ich möchte die Fragestellung umkehren und antworten: Will man vom Menschen reden, muss man von Gott reden und welche Beziehungen er im Laufe der Geschichte zu seinem Volk und zur Menschheit hatte. Dazu gehören seine nicht eingehaltenen Versprechen bezüglich Königtum, Jerusalem, Wiederkunft in der Zeit Jesu und in der des Paulus. Dazu gehören auch seine oben genannten Demütigungen. Dazu gehört auch die evangelische Verkündigung von der Erlösung des Sünders. Da diese Verkündigung von Anfang an strittig war, überrascht es nicht, dass ihre Kraft nachgelassen hat.

Nach meiner Ansicht kann die christlich gewollte Kraft wieder wachsen, wenn die Subjektivität jedes einzelnen Menschen zunimmt. Galt zuvor: Alle Menschen sind unter der Sünde zusammengeschlossen, so könnte jetzt gelten: Alle Menschen sind mit vergleichbaren Ansprüchen und Gefühlen ausgestattet. Zu ihrer Kenntnisnahme und ihrer Befriedigung brauchen wir uns gegenseitig.

---

[171] Rudolf Bultmann: Welchen Sinn hat es, von Gott zu reden? In: ders.: Glauben und Verstehen I, Tübingen 1933, S. 26-37, S. 28

Literatur:

Udo Baer/ Gabriele Frick-Baer: ABC der Gefühle, Weinheim - Basel 2008, 3. Aufl. 2011

Ulrich Barth: Aufgeklärter Protestantismus, Tübingen 2003, Kapitel: Die Entdeckung der Subjektivität des Glaubens. Luthers Buß-, Schrift- und Gnadenverständnis, S. 27-51

Gerlinde Baumann: Die Metapher der Ehe für das Verhältnis JHWH – Israel in den alttestamentlichen Prophetenbüchern – (nicht nur) feministisch-kritisch betrachtet, in: Manfred Oeming (Hg.): Theologie des Alten Testaments aus der Perspektive von Frauen, Münster u.a. 2003, S. 173-177

Walter Benjamin: Zur Kritik der Gewalt, Gesammelte Schriften II,1, hg. von Rolf Tiedemann und Hermann Schweppenhäuser, Frankfurt/ M. 1977, 2. Aufl. 1989, S. 179-203

Walter Beyerlin: Religionsgeschichtliches Textbuch zum Alten Testament, Berlin 1978

Dieter Brenner: Heraklit, in: Friedo Ricken (Hg.): Philosophen der Antike I, Stuttgart 1996, S. 73-92

Anton Bucher: Geiz, Trägheit, Neid & Co in Therapie und Seelsorge/ Psychologie der 7 Todsünden, Berlin/ Heidelberg 2012

Rudolf Bultmann: Welchen Sinn hat es, von Gott zu reden? In: ders.: Glauben und Verstehen I, Tübingen 1933, S. 26-37

Rudolf Bultmann: Neues Testament und Mythologie/ Das Problem der Entmythologisierung der neutestamentlichen Verkündigung, in: Kerygma und Mythos, hg. von Hans-Werner Bartsch, Hamburg 1960, S. 15-48

Rudolf Bultmann: Theologische Enzyklopädie, hg. von Eberhard Jüngel und Klaus W. Müller, Tübingen 1984

Demmerling, Christoph/ Hilge Landweer: Philosophie der Gefühle. Von Achtung bis Zorn, Stuttgart/ Weimar 2007

Gerhard Ebeling: Ein Leben für die Theologie – eine Theologie für das Leben, in: ZThK 95, 1998, S. 158-166

Erasmus von Rotterdam: De libero arbitrio, verdeutscht von Otto Schumacher, Göttingen 6. Aufl. 1988, 7. Aufl. 1998

Erasmus von Rotterdam: Schutzschrift (Hyperaspistes) gegen Martin Luthers Buch „Vom unfreien Willen", Leipzig 1986

Christian Frevel: Aschera und der Ausschließlichkeitsanspruch YHWHs/ Beiträge zu literarischen, religionsgeschichtlichen und ikonographischen Aspekten der Ascheradiskussion, Band I, 1995, Bonner biblische Beiträge Band 94/1

Burkhard Gladikow: „Tiefe der Seele" und „inner space", in: Die Erfindung des inneren Menschen, hg. von Jan Assmann, Gütersloh 1993, S.114-132

Bernhard Grom: Was ist religiöses Erleben? in: Roderich Barth/ Christopher Zarnow (Hg.) Theologie der Gefühle, Berlin/ Boston 2015, S.

Martin Hein: Ecclesia semper renovanda, ZThK 113, 2016, S. 305-322

Olav Hansen: Versuchung Jesu – Überwindung Satans, in: FS Klaus Berger, Tübingen 2000, S. 119-135

Manfred Haustein: „Leiblichkeit und Identität“ in: Michael Klessmann/ Irmhild Liebau (Hg.) Leiblichkeit ist das Ende der Werke Gottes, 1997, S. 69-79

Micha Hilgers: Scham/ Gesichter eines Affekts, Göttingen1996, 1997 2. Aufl.

Klaas Huizing: Schluss mit Sünde/ Warum wir eine neue Reformation brauchen, Hamburg 2017

Klaas Huizing: Scham und Ehre. Eine theologische Ethik, Gütersloh 2017

Alfred Jepsen: Warum? Eine lexikalische und theologische Studie, in ders.: Aufsätze zur Wissenschaft vom Alten Testament, Berlin 1978, S. 230-235

Ursula Ulrike Kaiser/ Hans-Gebhard Bethge (Hg.): Nag Hammadi Deutsch/ Studienausgabe, 3. Aufl., Berlin/ Boston 2013

Othmar Keel/ Silvia Schroer: Eva – Mutter alles Lebendigen/ Frauen- und Göttinnenidole aus dem Alten Orient, Fribourg 2004

Othmar Keel: Gott weiblich, Gütersloh 2008

Dankwart Kirchner: Gruppendynamische Untersuchung zu Struktur und Geschichte der Klage im Alten Testament, ThLZ 114, 1989, 785-796

Dankwart Kirchner: Der Zweite Logos des großen Seth aus NHC VII – ein gruppendynamischer Zugang zur Gnosis, in: Der Gottesspruch in der kopt. Literatur, Hallesche Beiträge zur Orientwissenschaft 15, 1994, S.125-134

Dankwart Kirchner: Das Recht des Geschöpfs: Wie sind gnostische Auseinandersetzungen mit dem Demiurgen zu beurteilen? In: Nag Hammadi & Manichaean Studies LIV, Leiden 2002, S. 255-290

Dankwart Kirchner: Vom Zorne Gottes und vom Zorn des Menschen, Frankfurt/ M. 2013

Ulrich H.J. Körtner: Reformatorische Theologie im 21. Jahrhundert, Zürich 2010

Matthias Konradt: Das Evangelium nach Matthäus, NTD 1, 2015

Tillmann F. Kreutzer, Kathrin Weber (Hg.): Invidia – Eifersucht und Neid in Kultur und Literatur, Gießen 2011

Jörg Lauster: Der ewige Protest/ Reformation als Prinzip, München 2017

Christoph Levin: Das Alte Testament und die Predigt des Evangeliums, KuD 57, S. 41-55

Olaf Lippke: Anatomie des Neides, Diss. HU Berlin, 2006

Niklas Luhmann: Soziale Systeme, Frankfurt/ M. 1994, 4. Aufl.

Niklas Luhmann: Vertrauen/ Ein Mechanismus der Reduktion sozialer Komplexität, 3. durchgesehene Aufl. 1989

Niklas Luhmann: Liebe/ Eine Übung, Frankfurt/ M., 2008

Martin Luther: De servo arbitrio in: Hauptschriften, Berlin 1951, S. 146-207

Martin Luther: Thesen zur Disputation mit scholastischer Theologie, Lateinisch-deutsche Studienausgabe, hg. von Wilfried Härle u.a., Band 1, Leipzig 2006

Martin Luther: Von der Freiheit eines Christenmenschen, in: Deutsch-deutsche Studienausgabe, Band 1, hg. von Dietrich Korsch, Leipzig 2012, S. 277-315

Martin Luther: Sermo de Poenitentia/ Sermon über die Buße, in: Lateinisch-deutsche Studienausgabe, Band 2, hg. und eingeleitet von Johannes Schilling, Leipzig 2006, S. 35-51

Martin Luther: Eine kurze Form der Zehn Gebote, eine kurze Form des Glaubens, eine kurze Form des Vaterunsers, in: Deutsch-deutsche Studienausgabe, Band 1, hg. von Dietrich Korsch, Leipzig 2012, S. 317-361

Martin Luther: Von der Vergebung der Sünden, Lateinisch-deutsche Studienausgabe, Band 2, hg. von Wilfried Härle u.a., Leipzig 2006, S.25-33

Martin Luther: Psalmenvorlesung, in: Martin Luther Deutsch: Band 1, Göttingen 1983, 2. Aufl. hg. von Kurt Aland, S. 19-106

Martin Luther: Von der Freiheit eines Christenmenschen, WA 7, S.12-38

Doris Märtin/ Karin Boeck: EQ/ Gefühle auf dem Vormarsch. Wie die emotionale Intelligenz unseren Erfolg bestimmt, München 1996

Johann Meier: Die Qumran-Essener: Die Texte vom Toten Meer, Band I 1992, Band II 1995

Otto H. Pesch OP: Luther 1967, in: Martin Luther 450 Jahre Reformation, 1967, Bad Godesberg, S. 15-22

Otto H. Pesch OP: Hinführung zu Luther. Mit einer Einleitung von Volker Leppin, Ostfildern 2017, 4. Aufl., 1. Aufl. 2004

Friederike Portenhauser: Identität als Nichtidentität, in: Bultmann und Luther. Lutherrezeption in Exegese und Hermeneutik Rudolf Bultmanns, hg. von Ulrich H.J. Körtner, Christof Landmesser, Mariele Lasogga und Udo Hahn, Hannover 2010, S. 209- 231

Hermann Schmitz: System der Philosophie, Band 3, 2. Teil, Bonn 1981 2. Aufl.

Notger Slenczka: Neid/ Vom theologischen Ertrag einer Phänomenologie negativer Selbstverhältnisse, in: Theologie der Gefühle, hg. von Roderich Barth und Christoph Zarnow, Berlin 2015 S. 157-189

Notger Slenczka: „Sich schämen"/ Zum Sinn und theologischen Ertrag einer Phänomenologie negativer emotionaler Selbstverhältnisse, in: Cornelia Richter/ Bernhard Dressler/ Jörg Lauster (Hg.): Dogmatik im Diskurs/ Mit Dietrich Korsch im Gespräch, Leipzig 2014, S. 240-261

Hermann Spieckermann: Das neue Bild der Religionsgeschichte Israels, ZThK 105, 2008, S. 259-280

Gerd Theißen: Die Jesusbewegung/ Sozialgeschichte einer Revolution der Werte, Gütersloh 200

Florian Theobald: Teufel, Tod und Trauer, Novum Testamentum et Orbis Antiquus/ Studien zur Umwelt des Neuen Testaments, Bd. 109, 2015

Karl-Wolfgang Tröger: Die Gnosis/ Heilslehre und Ketzerglaube, Freiburg 2001

Ernst Troeltsch: Die Bedeutung des Protestantismus, 1911, abgedruckt in: ders.: Lesebuch/ Ausgewählte Texte, hg. von Friedemann Voigt, Tübingen 2003, Auszug, S. 167-182

Samuel Vollenweider: Die historisch-kritische Methode – Erfolgsmodell mit Schattenseiten, ZThK 114, 2017, 243-259

Karl Vorländer: Geschichte der Philosophie, 1952

Samuel Vollenweider: Die historisch-kritische Methode – Erfolgsmodell mit Schattenseiten, ZThK 114, 2017, 243-259

Paul Watzlawick u.a.: Menschliche Kommunikation, Bern u.a. 1974, 4. Aufl.

Franz J. Weber: Fragmente der Vorsokratiker/ Text und Kommentar, Paderborn 1976

Gunther Wenz: Christus/ Studium Systematische Theologie, Band 5, Göttingen 2011

Claus Westermann: Genesis 1-11, Biblischer Kommentar I/1, Neukirchen 2. Aufl. 1976

Wolfgang Wiefel: Das Evangelium nach Matthäus, ThHKNT, 1996

Artikel aus Lexika und Wörterbüchern sind im Text aufgeführt.